陪孩子长大

跟上孩子成长的脚步

盛 琳／编著

企业管理出版社

图书在版编目（CIP）数据

陪孩子长大：跟上孩子成长的脚步/盛琳编著．－北京：
企业管理出版社，2008.9
ISBN 978－7－80255－025－4

Ⅰ．陪… Ⅱ．盛… Ⅲ．家庭教育－通俗读物 Ⅳ．G78－49

中国版本图书馆 CIP 数据核字（2008）第 123493 号

书　　名：陪孩子长大：跟上孩子成长的脚步
作　　者：盛　琳
责任编辑：萍　艳
书　　号：ISBN 978－7－80255－025－4
出版发行：企业管理出版社
地　　址：北京市海淀区紫竹院南路 17 号　　邮编：100044
网　　址：http：//www.emph.cn
电　　话：出版部 68414643　　发行部 68414644　　编辑部 68428387
电子信箱：80147@sina.com　　zbs@emph.cn
印　　刷：香河县宏润印刷有限公司
经　　销：新华书店
规　　格：170 毫米×230 毫米　16 开本　16 印张　150 千字
版　　次：2008 年 10 月第 1 版　2009 年 12 月第 2 次印刷
定　　价：28.00 元

前 言

　　孩子从降临人世以后，首先接触到的就是父母和家庭环境。所以，家庭是孩子出生后接受教育的第一个场所，是人生的第一课堂。父母是孩子的第一任老师，是开启孩子人生之路的第一把钥匙。

　　家庭教育在孩子成长过程中的作用是至关重要的。因为孩子在成长的初始是幼稚、单纯的，纯洁得如同一张白纸。他们对外界的事物毫无辨别能力，他们所掌握的知识也首先源自于家庭和父母的教育。可以说，父母是孩子人生的罗盘，他们用自己的人生阅历指引孩子前进的方向。

　　身为父母，最大的乐趣恐怕莫过于把孩子带到这个世界，看着孩子快乐地成长，陪孩子一步步长大，在孩子成长的过程中与孩子分享点点滴滴的快乐。天下父母谁不想教子有方？谁不想把孩子培养成出类拔萃的人才？然而，在陪孩子长大的过程中，又有多少父母真正做到跟上孩子成长的脚步，把孩子培养成一个心理健康、乐观向上的英才？现实中，大多数父母只能做到跟上孩子生理上的成长，而没有跟上孩子心理成长的脚步。

　　其实，在孩子来到人世以前，作为父母就应该接受基本的教育理念，掌握基本的教育方法。而现在的父母大多数都没有接受过系统的家庭教育培训，缺乏家庭教育知识及理念。他们中的多数人都沿用老一辈传下来的教育方法，只注重孩子的学习及物质环境而忽略了孩子心灵上的培育，很少自觉地关注孩子心灵层面上的所想和所求。长此以往，孩

子和家长由于缺乏有效的沟通，就造成了父母说什么，孩子也不听，孩子有什么想法也不和家长说，父母和孩子成了最熟悉的陌生人的局面。

父母如果不知道孩子所想的、所要的，又怎么能够谈得上陪孩子一同成长呢？父母如果不能及时发现孩子内心真实的想法，又怎么能及时给孩子以帮助，让孩子信任父母，把知心话告诉父母呢？

所以，想做一个称职的父母，家长就需要掌握一些必要的家庭教育理论知识。同时，要在生活中加强与孩子的对话，留心孩子的点滴之举。只有在专家的建议下，家长用自身行为引导孩子，用心琢磨孩子，才能真正地把孩子培养成一个杰出的英才，做到与孩子同步成长。

在您面前的这本书正是根据孩子不同成长阶段的特点，通过"快乐童年篇"、"少年烦恼篇"、"青春物语篇"、"长大成人篇"四个篇章，针对孩子各个阶段的心理和行为特点，通过案例来探讨在每个时期的孩子最容易出现的问题和解决的方法。

真心地希望广大家长能够通过对本书的阅读，了解孩子身心成长的过程，获得为人父母的知识，用科学的教育理念、健康的教育心理、良好的生活方式、温馨舒适的家庭环境、平等和谐的亲子关系，为孩子健康成长奠定坚实的基础。

编 者

目录

快乐童年篇：打开宝宝心中奇妙的盒子

少年烦恼篇：探寻少年叛逆背后的真相

长大成人篇：迎接风雨洗礼后的成长

快乐童年篇：
打开宝宝心中奇妙的盒子

三岁的孩子看到老

——一个人的性格在幼年时期已经成型

3岁的楠楠性格外向，平时活泼好动，可是一到演出、比赛这样的关键时刻就"掉链子"，不是畏缩不前，就是放声大哭，气得爸爸整天骂她"没出息"。

孩子为什么会这样？

俗话说："三岁的孩子看到老。"它指的是孩子的性格在幼年期已经成型了。意大利儿童教育专家蒙特梭利在她的著作中也说道："儿童的品格和品质，都不是我们的力量所形成的，而仅仅是儿童自己在3岁到6岁之间所进行的一系列长期而缓慢的活动的结果。"换句话说，孩子的性格在6岁之前已经雕刻成型了，这也是作为家长的我们应该关注幼儿性格健康发展的首要理由。

❀ ❀ ❀ ❀ ❀

21世纪的科技与经济竞争的实质是人才的竞争，而人才的竞争归根到底是教育的竞争。教育之强盛又是以幼儿教育为根基的。幼儿教育的使命就是培养出具有面对新世纪挑战的意志、信心、素质和能力全面发展的人才。他们既要有智能，又要有健康的心理素质、良好的性格品质，这样才能承受比以往任何时候都要大的心理压力，以抵御迅速变化的社会所带来的各种矛盾冲突。这就需要家长在孩子早期教育时就开始重视对孩子良好性格的培养。

性格是一个人对现实的稳定态度以及与之相适应的习惯性的行为方式，是一个人区别于其他人的集中体现。从幼儿心理和教育的理论角度来看，0~6 岁是一个人一生中大脑发育最迅速的年龄段，是一生中最富有可塑性的阶段，也是人的智能和性格奠基最坚实的阶段。性格能够鲜明地显示人对现实的态度和与之相适应的行为方式，如对社会的责任心、诚实、正直等。

性格一旦形成便有着相对的稳定性。性格的初步形成是始于婴幼儿期，3 岁的幼儿在性格上已有了明显的差异。儿童性格形成的起源是婴幼儿期的生活习惯。每个家长都以自己特有的方式育儿，使婴儿产生固定性反应，即形成了习惯，每个个别习惯统一起来作为一种素质存在，便构成了个体的性格特征。婴儿正是在家庭中，由生活习惯和固定的行为方式养成了最初的习性，以此构成了其性格组合中的最基本成分。正如伟大的教育家孔子曾说的："少成若天性，习惯成自然。"从这一性格形成的起源可以看出早期教育对幼儿性格的形成起着制约和导向的重要作用。

父母该怎么办？

孩子的性格塑造的最佳期是在早期。由于孩子并不能意识到自己对事物的态度，他的行为方式也没有发展起来，更没有定型，只有在后天的环境下，在成人、家庭、学校和社会的影响下，通过孩子自己的实践活动和积极主动性，在他的先天素质的基础上才逐渐形成他们独有的性格。遗传因素为心理的发展提供自然基础和发展的可能性，但社会环境对性格有着决定作用。

孩子良好的生活环境。良好的生活环境，包括情感环境、智育环境、德育环境、规律生活环境和美育环境。应该让孩子一出生就接受良好环境的熏陶，因为环境和时间的结合会像魔术师一样塑造人的性格。从这个意义上说，"人是环境的动物"这句话说得一点也不错。家庭的教育氛围和情绪，应经常保持在愉悦、平静——这一"最佳情绪线"上，这样，孩子的智力才能最活跃，身心最舒适，学习最用功，容易商

量玩和学的事情。可以说，最佳情绪线是孩子进步的生命线。

科学地爱孩子。对孩子性格影响最早、最深、最强、最经常的因素是父母的爱。爱是非常强大的力量，足以调动孩子全部心理活动，决定他们的状况和倾向。

培养良好的生活习惯。良好的生活习惯，是良好性格养成的起点。0～3岁是性格形成的关键时期，婴幼儿对最初的行为印象最深，反复几次以后便形成心理定势，这种心理定势稳固以后便成了性格。"少小若天性，习惯成自然。""播下行为的种子，就收获习惯；播下习惯的种子，便收获性格；播下性格的种子，便收获命运。"

早期良好习惯的养成，应从吃、喝、拉、穿、睡、洗、说、问、礼貌、劳动、独立行为等小事抓起，一点一滴对孩子进行积极鼓励和严格要求。经过这样培养，一个孩子好的成长就成功了一半。要求孩子时，不允许的事一开始就不允许，孩子便没有痛苦和反复，如果等养成了坏习惯再去纠正，那么一百个坏行为养成的坏习惯就需要两百个好行为去纠正，必然事倍功半，并伴随痛苦和冲突。在孩子1岁左右，特别要注意养成良好的饮食习惯。

父母和教育者的表率和榜样作用。孩子所亲近的人的理想、信念、追求、兴趣、举止、言谈、脾气、文化修养和为人，无时无刻不在影响着孩子的性格，所以孩子很像是父母的"影子"。因此，家长千万要提高自身的修养，就像你家有一部"窃听器"、有一架"摄像机"，时刻在窥视着你，你的性格也将化为孩子的命运。家教，实际上是人生的传代。

❋ 相关链接 ❋

六种优良性格品质

❋快乐活泼

活泼不只是好动，更不等于吵闹。活泼的孩子表现为：表情丰富，

感知敏锐，口齿伶俐，双手能干，躯体活泼爱运动，思想活泼爱提问。

❋安静专注

安静的时候，孩子会静悄悄地一心做自己的事，如：静悄悄地下棋，悄悄地画画，静悄悄地读书、做手工，玩也要玩得专心。这种品格是小学、中学学习成功的保证。因为一个人如果一生中像屁股底下坐个陀螺一样静不下来的话，必将一事无成。

❖勇敢自信

不怕摔跤，不怕看病，不怕吃药，不怕打针，不怕小虫，不怕黑暗，不怕早起，不怕寒冷，不怕孤独，不怕陌生人。小孩的自信心主要表现为：自我意象好，他总觉得自己是个好孩子，聪明能干，妈妈喜欢我，爸爸表扬我，老师也说我不错。

❖爱劳动，关心人

勤劳表现为：爱劳动，爱做自己的事和家务劳动、制作活动，并且高高兴兴地做。孩子的善良主要表现为：关心家人和周围的人，有好东西有意大家分享。要培养孩子从小能设身处地为他人考虑的美德，如看到爸爸满头大汗，会主动拿毛巾给爸爸擦汗等。

◉有独立性精神

这主要表现为：从小能自己一个人睡、坐、玩，能到邻居家串门，自己的事喜欢自己做等。

❋好奇心和有创造性

这主要表现为：对新奇的事爱看、爱听、爱摸、爱做、爱问、爱记、爱模仿又爱试验，爱走新路子，做事情喜欢独出心裁、与众不同，并且精益求精，不满意就重来，直到满意为止。另外，喜爱自己动手，想办法玩耍，想办法做玩具，做实验，搞小发明。

我不喜欢吃青椒

——面对孩子挑食怎么办

动画片《蜡笔小新》中的野原新之助是一个上向日葵班的5岁小男孩，每当他的妈妈美伢叫小新吃青椒的时候，小新总是千方百计地偷偷把不喜欢吃的青椒倒掉。

其实，在现实生活中，许多孩子也存在着挑食的毛病。毛毛就是一个特别爱挑食的孩子，他不喜欢吃苹果，不喜欢吃鸡蛋，更不爱吃青菜，只喜欢吃快餐和喝可乐。毛毛小小的年纪已经因为挑食变成了一个小胖子。妈妈担心毛毛挑食会营养不良，但是任凭妈妈怎么训斥毛毛，毛毛也不听，坚决不吃青菜，这让妈妈非常的苦恼。

孩子为什么会这样？

孩子挑食的原因主要有以下几方面：

首先，因身体不适、消化力弱、食欲不振而挑食，这属于正常现象，只要病好后孩子会恢复正常饮食的。

其次，食物的口感、气味等可能让孩子无法忍受，比如茴香、芹菜、胡萝卜等。

还有就是心理方面的作用。有些孩子挑食源于某些事件中对某种食物没有好印象。比如：在某次吃饭时，发现青菜上有虫，所以拒绝再吃青菜；也可能因想到鸡蛋是母鸡的宝宝，而不愿伤害"鸡宝宝"，所以不爱吃蛋类食品等。

另外，也可能是家长的原因。比如家长对孩子过分溺爱，这就会对

孩子的挑食一味迁就，时间长了也会使孩子形成偏食的习惯；也可能大人数落孩子的偏食挑食行为，这样会使孩子更加厌恶那些原本他就不喜欢的食物；还可能是大人经常用零食"收买"孩子。要知道，孩子不傻，父母若经常用零食或快餐来引诱孩子进食，那么他们就更不愿按时吃饭了。

此外，家长对孩子的身体过于关注，经常强迫孩子吃某些大人们自己认为有营养的食品，这也会引起孩子对某些食物的反感。更有甚者，父母有时会用"武力"喂食孩子吃一些不爱吃的东西，这样，势必会让孩子产生强烈的抗拒感。

✽　✽　✽　✽　✽

父母总是希望自己的孩子能够体质健康地长大，但是每当把孩子拉到饭桌前，孩子的表现总是让大人们头痛。孩子不喜欢吃这个，不想吃那个；喜欢吃的肉总是吃也吃不够，不喜欢吃的青菜，任凭爸爸妈妈怎么哄，就是不会吃一口。在许多家庭，孩子不爱吃饭、挑食的问题成为了父母最头痛的问题。

父母该怎么办？

平时家长应以身作则，不挑食。家长吃饭时，千万不能在孩子的面前表现自己爱吃什么，不爱吃什么，或者在孩子面前讲这个好吃，那个不好吃，孩子模仿性很强，潜移默化中就会形成偏食。

从小应有意识地培养孩子良好的饮食习惯。孩子的饮食应定时、定量，最好不让他们吃零食，同时应增加孩子的活动量，以促进孩子正常的食欲。

严格控制孩子吃零食。两餐之间的间隔最好保持在 3.5 ~ 4 小时，使胃肠道有一定的排空时间，这样就容易产生饥饿感。古语说："饥不择食。"在饥饿时，人对过去不太喜欢吃的食物也会觉得味道不错，时间长了，便会慢慢适应了。

合理安排孩子的食谱，饭菜的品种要多样化，避免单调。烹调食物应根据孩子不同年龄和消化特点，重视色、香、味、形，以刺激孩子的食欲。

给孩子安排丰富的户外活动。多给孩子安排户外活动，如骑小自行车、玩球、跑步比赛等。等到了吃饭时间，即使桌子上摆了孩子不太喜欢吃的各种食物，由于孩子经过活动，肚子已经很饿了，吃起来也会觉得很香。只要他吃了以后没有恶心、呕吐或过敏等表现，说明这种食物对他是合适的。如果食后确有身体不适的表现，则要向医生请教，那就不属于挑食、偏食了。

相关链接

挑食、偏食对孩子生长发育期的身体健康、心理健康都危害极大。任何一种食物都不可能含有完全的营养成分，每一种食物仅含有各自不同的营养成分。如果只吃一种食物而不吃另一种食物，势必就会缺乏另一种食物所提供的营养成分。如果各种食物都吃，食物中所含营养成分就可以互相补充，保持合适的比例，达到平衡合理的膳食标准，更利于孩子健康地成长。

各种食物中含有不同的营养成分，如蛋白质、脂肪、碳水化合物、维生素、无机盐、水、膳食纤维，这些对组成人体组织结构，发挥其特有的生理功能，都有自己独特的作用。无论哪一种营养成分都不能长期缺乏，即使人体需求量很少，如铁每日只需摄入约10毫克，但缺少就易引起贫血。据研究报道，缺铁的儿童注意力不集中，分析综合推理能力降低，因而智商也偏低。总之，偏食、挑食的孩子，营养成分的摄入肯定不全面，致使孩子发育不良，故必须纠正孩子挑食、偏食的习惯。

家长可通过做游戏来培养孩子健康的饮食习惯。

如"熊猫宝宝"的游戏，可帮助孩子纠正挑食、偏食的坏毛病：先

跟孩子介绍熊猫是珍稀动物，数量非常少，为什么呢？因为熊猫只爱吃竹子，其他东西一概不喜欢，结果"营养源"太少，很多熊猫活不下去了。当然，熊猫濒临灭绝还有"繁殖能力不强"、"生存环境受到破坏"等重要原因，父母可选择适当时机另行进行解释。

让孩子扮演一个敢于克服自己坏习惯的"熊猫宝宝"。一开始，这位"熊猫宝宝"也和其他熊猫一样，这也不吃，那也不吃。后来，这位坚强的"熊猫宝宝"不愿坐着饿死，立志改掉自己的坏习惯，变得什么都吃了。而妈妈则可扮演一个"娇气宝宝"，最后，在"熊猫宝宝"的不断教育和影响下，"娇气宝宝"也逐渐改掉了挑食、偏食的坏毛病。

另外，游戏中的"熊猫宝宝"，可换成恐龙或其他动物。

不要关灯，妈妈我怕黑

——孩子怕黑的恐惧心理

萱萱今年上幼儿园。最近，她每天早晨起床比较困难，都要妈妈喊好几次才能从被子里钻出来。有时，上幼儿园的时间来不及了都是被妈妈从床上拖起来去上学的。萱萱也经常反复对妈妈说："我很困"、"我还想睡"、"我还没睡够"。更糟糕的是，萱萱也总是说"没胃口"，不吃早饭。

妈妈问她怎么睡不好，萱萱说晚上开始躺在床上能睡着，但是，睡着后很容易被惊醒，惊醒后就睁着眼睛看着黑暗中的房间。在黑暗中，她看到周围的椅子、桌子和家具都变成了各种各样的人，让她很害怕。为了给自己增加安全感，萱萱只好用被子把头紧紧地蒙住。可是，即使是这样，她仍然久久难以入睡。而每当妈妈要关灯的时候，萱萱也总是哭着大喊不让妈妈关灯。

孩子为什么会这样？

一般来说，幼儿都有"恐惧心理"。孩子轻度怕黑是正常的，但如过分怕黑，甚至惧怕黑夜，将影响孩子的性格发展。孩子怕黑不是天生的，而是基本发生在3岁以后，是孩子开始初步接触社会并渐渐懂事后才出现的。随着他们对世界的认识从懵懂到初步认识，他们受到的外界干扰也在增多，对那些黑暗、巨大、血腥的事物会产生非常恐惧的心理。因此，他们会怕黑、怕巨大的声响、怕鬼，这些都是正常的心理发展现象。

❋ ❋ ❋ ❋ ❋

　　幼儿对黑暗的恐惧大部分是源于他的想象。这时的宝宝们想象力丰富，分不清现实与想象的界限，想象黑暗中有鬼、大灰狼等让他害怕的东西，所以在黑暗中他容易把恐惧扩大化。这是这个年龄段孩子的认知特点。

父母该怎么办？

　　每个父母都希望自己的孩子勇敢些，因为孩子长期怕黑、怕鬼会影响到他将来的个性发展，使孩子缺乏独立性，甚至会导致某些心理障碍及性格病态的发生。在这种情况下，父母该怎么做呢？

　　父母应该从正面引导，并在孩子有了一点进步的时候及时加以肯定和鼓励，逐步消除他对黑暗的恐惧感。

　　切勿责备、嘲笑或愚弄孩子。有些父母往往会在这种情况下训斥孩子，说孩子是"胆小鬼"，甚至给以处罚，这些都会对孩子的自尊心造成极大伤害。这不仅改变不了孩子胆小的状况，反而可能使孩子的惧怕心理加重。正确的做法是向他讲明事情的真相，当令人毛骨悚然的怪物被你一语点破，他就会相信你的力量可以保证他的安全，恐惧感自然随之消失。

要了解孩子真正害怕的事。要协助孩子克服害怕的心理，应先了解他害怕的真正根源。孩子们往往言行不一地掩盖他们真正害怕的事情。因此，要细心观察孩子的日常言行，了解他真正害怕的事情，然后对症下药加以解决。

告诉孩子你也曾经害怕过。孩子特别爱模仿自己父母的言行，父母的榜样作用对孩子影响极大。父母可以坦率地承认自己也曾害怕过某些东西，但现在已经不再害怕它们了。这样，孩子就会明白，他并不是世界上唯一害怕这些事物的人，恐惧的心理便会得到克服。

尝试用说故事的方式消除恐惧。父母要正确对待孩子所害怕的事物。一种非常有效的方法是教给孩子关于某些事物的知识，可以尝试使用说故事的方式，一边说给孩子听，一边让他说说自己的感受，以便知道孩子所害怕的是什么。让孩子从故事中得到一些心灵上的安慰，且以美好的事物充实其心灵。

在情感上多关怀，多搂抱爱抚孩子。父母甜蜜温馨的搂抱、爱抚，不仅可以增加亲子情谊，而且可以在一定程度上消除孩子恐惧的心理。父母应该付出更多的耐心和时间来陪伴孩子，日常生活中要关心孩子思想感情的变化、恐惧持续的时间，以最切实的行动来了解孩子、支持孩子。

可以和孩子一起在黑暗中做游戏。在黑暗中做游戏能让孩子逐渐适应黑暗，并适应物体在黑暗中的影像。你也可以让孩子在黑暗中寻找某件家具或者某个物品，增加孩子触摸、感受黑暗中物体的机会，以便熟悉黑暗中的物体，并与之建立亲和性。

慎重选择电视节目、图书。父母应慎选电视节目和图书，尽量避免让孩子看那些怪力乱神的节目，或是一些凶杀、恐怖的新闻，使孩子加深对鬼怪的恐惧感。特别是睡觉前，切勿让孩子看一些恐怖的片子而影响他的睡眠质量。

从小培养孩子的独立性和自信心。要鼓励孩子自己去面对困难，克服其依赖性，使他们认可自己的能力，相信自己有办法应付发生在身边的事。人生总是充满着挑战，做父母的要以行动来引导子女，不要对孩子过

分呵护，要相信他们自己能够做到很多父母认为他们难以做到的事情。

相关链接

在不知不觉中，有一些原因和情况会造成孩子的恐惧心理，父母应该引起注意。

❋父母的恐吓

"你不乖乖听话、吃饭，待会鬼婆婆就会来找你了。"父母们常会在孩子不听话时用鬼来吓他，其实此种方法很容易让孩子产生怕鬼和怕黑的情绪。

❋负面的模仿

如果父母本身就怕黑、怕鬼，经常大惊小怪或尖叫，孩子会产生"负面的模仿"，并加深他对黑暗的畏惧感。

❋独处

在孩子的世界里，往往是伴随着黑暗、阴影和独处等因素，特别是自己一个人的时候，孩子比较缺乏安全感，容易产生恐惧。

❋媒体的影响

一些电视节目或图书，都会将鬼和黑作关联的搭配。于是，"鬼"和"黑暗"在孩子心里便有了形象，甚至加深对它们的恐惧感。

我是妈妈捡来的吗

——如何解答孩子提出的小·问题

"我家有个'十万个为什么'，但不是书，而是我的女儿豆豆。"豆豆的妈妈最近有点烦。女儿豆豆还不到4岁，可是问题却越来越多。"为什么呢？"成了豆豆的口头禅，不管什么事情，他都要问个"为什么"，而且总要一连串地追问下去，直问到妈妈哑口无言。

而昨天，豆豆看着爸爸妈妈以前的照片，上面有爸爸妈妈小时候的照片，还有他们结婚、怀孕时候的照片。尤其是看到妈妈怀孕时候的照片，豆豆好奇极了，就跑到妈妈的身边问："妈妈，我是从哪里来的？"

妈妈说："你是我从垃圾堆里捡来的。"

豆豆又问："可是小姨跟我说，每个妈妈的肚子里都会有一个小宝宝，为什么我不是从妈妈的肚子里出来的，是捡来的呢？"

妈妈不耐烦地说："小孩子问这么多问题干什么？快点洗手吃饭喽。"

豆豆看到妈妈不耐烦的样子，噘起嘴不情愿地去洗手了。

孩子为什么会这样？

孩子爱提问，不仅能反映出他思维发展的进程，更重要的是表明他好观察、善于捕捉周围环境中新异的事物或现象。而且，一般来说，爱提问的孩子总比不爱提问的孩子学得更多一些。

佳宇会说话以后，常常向大人提出一些有关周围环境的问题。佳宇的爸爸妈妈在和佳宇说话的过程中，也经常采用"这是什么呢?"、"这是××"，"这是谁呢?"、"这是××"的问答方式。这些自问自答的语言交流模式，使佳宇在1岁多就慢慢培养起爱提问的良好习惯。虽然说话还不清楚，他就能用"么呀?"来提问了。一岁半的时候，佳宇的问题就更多了，不仅会问"这是什么?"，还会问："谁来了?"、"在哪儿?"等问题。快满2岁了，佳宇有了探究事物原委的提问——"为什么"。如："齐齐为什么哭了?"，"灯为什么不亮了?"，等等。

❀ ❀ ❀ ❀ ❀

孩子不断提出新的问题，表明他的思维已有了进步，已初步知觉到一些常见事物的相互关系。一切思维从提问开始，让孩子有更多的机会接触各种新鲜事物和环境，能激发孩子探索的兴趣，引发疑问。家长如能耐心热情地解答孩子的每一个提问，将有利于孩子积极开动脑筋、发展思维。

父母该怎么办？

孩子的好奇心很强，他们总是不断地向我们提出各种各样的问题，并且有的问题使家长们不胜其烦，不是回答不了，就是不好意思回答。因此，对于多数家长们来说，孩子的很多问题犹如猛虎，唯恐躲避不及。

其实，家长不应该把孩子的问题看成是一种苦恼，而应该看成是一种渴望求知的心灵的倾诉，应认真地对待，不要逃避孩子的问题。

就算大人真的答不出孩子的问题，也不必为此耿耿于怀，这并不是什么丢人的事，你完全可以坦然地告诉孩子"这个问题爸爸（妈妈）也不懂"，然后建议他去请教老师、同学，或带他去书店、图书馆等，查找相关的书籍资料，寻找答案。这样做，既以现身说法教会了孩子"知之为知之、不知为不知"的勇气和坦诚，也让孩子学会处理问题的办法。

还有些家长，自认为有才，通晓各种问题，所以当孩子提问时，自

然要表现三分：对于小小的一个问题，家长引古用今地论证，可能是忘记了孩子的年龄，不知道孩子并不能领悟冗长的解释。其实，家长过多的描述只会使幼小的孩子感到厌烦。

面对孩子的问题，我们任何一种不恰当的对待都可能给孩子带来不良的影响，所以家长们一定要慎重地对待孩子的问题：**一方面，要认真对待孩子提出的每个问题；另一方面，也不要着急地想让孩子了解许多他还不能理解的东西。**若能准确回答孩子的问题，要力求用规范的话语去回答或是一起讨论这些问题，并且回答要生动、具体，使孩子从小就能够享受到探索事物奥妙的乐趣。当你有这样的态度来对待孩子的问题时，孩子会为自己又知道了一些东西而高兴，并且他的求知欲也很好地被保护下来了。

另外，**针对孩子的问题，家长既要善于引导孩子，还要鼓励孩子提问，平常要善于创设疑问的情境激发孩子的求知欲。**

当然，有时候孩子提问，并没有什么目的，也不是非想得到答案不可，他们有可能只是为了引起大人的注意，或者故意想惹大人生气。这时，家长肯定不可能认真地对待孩子的问题，此时，大人可以限定孩子提问的频率，比如告诉孩子："好了，从现在开始，10分钟之内你可以提问，不论什么问题都可以，不过，等这10分钟过后，我就要做我的事情了。"一旦得到你这样的指示，孩子也不敢违背你的命令了。

总之，明智的家长是不会随意敷衍或压制孩子的提问的，父母不仅要认识到这是孩子探索求知的表现，还要鼓励孩子大胆探索。只要教育得法，那么必定会让你的孩子问得开心，让家长自己也回答得开心。说不定你的孩子也会成为世界著名的科学家呢！

相关链接

孩子到了一定的年龄，提出"我是从哪里来的？"、"为什么爸爸的

身体和妈妈的身体不一样?"这些关于性方面的问题时,父母用语言对孩子进行性方面的教育就算正式开始了。一个两三岁的男孩指着生殖器天真地问父母"这是什么?"的时候,父母的正确态度应是自然地告诉他:"这是你的小鸡鸡。"

父母的态度应该像告诉孩子哪儿是耳朵、哪儿是眼睛那么自然。故弄玄虚、大惊小怪的口吻和表情都会给孩子心理上造成难以排解的神秘感和不正常的羞耻感。当孩子问这类问题的时候,他并不是想知道生殖器的性功能,只不过是想知道正确名称而已。

有的父母回答孩子提出的"生命来源"问题时,常借故说:"你是捡来的,是树上长出来的……"不正确的回答未必能使孩子真正相信。问题在于,孩子会感觉到父母不想让他知道"我是从哪里来的",而且这问题是神秘的。当孩子长到七八岁的时候,已经模模糊糊地知道一些性的信息时,心中尽管存着很多困惑,也不会向父母坦诚地询问了。因为他曾经在父母那里碰了壁。父母也因此失去了对孩子进行性教育并帮助孩子度过性觉醒和性困惑心理时期的最佳时机。

父母在回答孩子的性问题时,应遵循一条最基本的原则:平静、坦诚、自然的态度至关重要。由于孩子毕竟还不成熟,回答可以简单一点。关键不要给孩子造成心理压力,以免导致不正常的性神秘感和不正常的羞耻心。

喜欢吃手指的孩子

——小心孩子背后的焦虑

"佳佳都3岁了，一向喜欢吃手指，左手的食指甲已被她吃得变了形，指甲中间还陷了进去，最近一段时间吃得越来越频繁。白天吃，晚上睡觉也吃。现在饭量也没有以前好，每餐吃几口饭就不吃了。佳佳平时表现得很乖，但是每次看到她津津有味地吃手指，我就气不打一处来，快把我逼疯了！"佳佳的妈妈烦恼地对她的同事诉苦。

孩子为什么会这样?

吸吮是婴儿的本能，除了摄取母乳的功能外，吸吮还会给孩子带来快感。一部分婴儿长大断奶后，依然保留吮吸的习惯，只不过是从乳头转移到了手指。这通常是一种自我安慰的行为。对孩子而言，嘴不仅是吃东西的器官，也是寻找快乐、躲避紧张，甚至是巨大幸福来源的器官。对于一两岁的幼儿来说，吮指、啃咬算不上什么行为问题，如果三四岁后还有这种行为，就会被认为是不良行为习惯了。

在佳佳啃手指的背后，蕴藏着更多的心理原因。妈妈的抱怨声中已经泄露了孩子习惯形成的原因——自己不被宠爱！任何孩子凭借自己的直觉，都能感受到自己是否受欢迎，即便是被成人掩饰起来的好恶，都逃不过孩子的眼睛，更何况是挑明的厌烦。佳佳在这样的养育环境下，以从不惹妈妈生气来讨好妈妈，她只能用啃手指来缓解焦虑，通过这种行为保护自己、肯定自己。

除此之外，父母的冲突、缺乏朋友、家长管教过于严格或过高的家庭期望值都会引起孩子焦虑、孤独和不安的情绪，而吮吸手指能给孩子带来心灵上的安慰。

✣ ✣ ✣ ✣ ✣

许多人以为焦虑是成人的"专利"，其实不然，孩子也有焦虑的时候。儿童虽然具有单纯的独立思维能力，但因年龄小，遇到突然发生的挫折和打击，往往会承受不了，使幼小的心灵失去平衡，由此极易产生焦虑情绪，即心理学上所谓的"儿童焦虑症"。它可以分为以下几类：

素质性焦虑。 这类儿童的神经系统往往发育不健全，对外界细微的变化过于敏感。有的则是父母本身具有焦虑表现，给孩子以"模仿型"影响。如果父母对孩子出现的焦虑情绪不能正确加以引导，反而自己亦产生焦虑感，就有可能使孩子沉溺于低谷情绪中不得解脱，逐步恶化。

境遇性焦虑。 对于突发事件，儿童的心理难以承受，因此整天担心灾害会再次降临头上，惶惶不可终日。但这一类儿童的症状随着时间的推移会逐渐自然消失。

分离性焦虑。 当孩子与亲属特别是父母分离时，会出现明显的焦虑情绪，失去以往的欢乐。其主要表现为心烦意乱，无心学习，甚至出现逃学、出走等现象。

期待性焦虑。 家长对孩子期望过高，孩子怕达不到家长预期的要求，担心受到父母的责备而焦虑不安。另一方面，学校片面地追求升学率，课程设计、作业布置超过了儿童的接受能力，给儿童以极大的压力，也会使儿童表现出紧张、焦虑等不稳定的情绪。

环境性焦虑。 有的家庭"大吵三六九、小闹天天有"，使孩子生活在矛盾重重的环境中，失去了他们应有的欢乐，由此便产生胆小、孤僻、不合群、易紧张等焦虑现象。

焦虑症往往严重影响儿童的智力发展，并且容易诱发抑郁、孤僻、自卑等心理疾病。因此，父母发现孩子有不良情绪后，应予以科学引

导，以尽早让孩子摆脱困扰。父母尤其要注意营造一个良好的生活环境和家庭氛围，这是孩子远离焦虑症、实现健康成长的一个重要保证。

父母该怎么办?

啃手指背后隐藏的总是与焦虑有关的一些负面情绪，因此，了解孩子心情不佳的原因是第一要务，是受到忽视还是管得太严，是孤单无聊、读恐怖故事而害怕，还是因为受惩罚而郁闷?

如果家长对啃手指的行为给予忽视，唠叨甚至是威胁，反而会提醒他继续啃咬。如果孩子每次啃手指都能得到父母的注意，他们会以此作为吸引父母注意力的法宝。在孩子的心目中，责打也可以成为父母关心的一种方式。

所以，家长切勿用威胁、吼叫、嘲讽等方式对待孩子，而涂抹辣椒汁或酒精的方法则更不可取。

将孩子的手和嘴充分调动起来的最佳的办法是在小家伙把手指塞到嘴里之前，尽快给他提供一些有趣的东西，分散他的注意力。如果孩子非要"坚持"把手指塞进嘴里，等他睡熟后，再轻轻把他的手指拿出来。

相关链接

小孩子爱吮手指的习惯通常在婴幼儿时期已经养成，因为吸吮手指可以给他们带来安全感。但随着孩子渐渐长大，父母应尽早帮助孩子改掉这个坏习惯。如果孩子到4岁以后仍改不掉吮手指的坏习惯，那么日后就更难纠正过来了。

※在孩子手指上添上记号

除了要求孩子自己多加注意外，父母也应随时提醒他。父母不妨在孩子的小手指上弄一些记号，例如贴一些精美的贴纸，告诉孩子这是一个提示，提醒孩子不要吮手指。这样过一段时间，孩子就可以自然地改

掉这个坏习惯了。

❋帮助孩子舒缓压力

对年纪稍大的孩子来说，吮手指的表现可能与情绪、压力等心理问题有关，例如孩子要代表学校参加表演，因出场前感到紧张而出现吮手指的情况。这时，父母不妨多提醒孩子，让孩子先喝点水、吃点糖果，以帮助孩子舒缓压力。

❖解释卫生常识

父母应耐心地向孩子解释，吮手指是十分不卫生的，因为手上的细菌也会被吞到肚子里而导致生病。这也能让孩子明白父母阻止他吮手指的苦心。

死了再买一只吧

——不可忽视孩子虐待动物的行为

每次带星星去公园，他总是对公园门口小贩们卖的小动物特感兴趣，总是对妈妈说："妈妈，给我买一只小动物吧。"而妈妈一直怕小动物身上有寄生虫，所以一直没有答应星星的这一要求。

上个月星星生日的时候，他再次央求妈妈，妈妈只好给他买了一只小兔子，孩子非常高兴。可是没想到，对小花小草一向充满爱心的星星对小兔子却十分"残忍"，一会儿揪住小兔子的耳朵把它从书桌这头拖到那头，一会儿用小手指着小兔子的眼睛不放。虽然妈妈爸爸在一旁不住地警告他，他还是只要有机会就"不放过"小兔子。最后，他一不小心让小兔子从书桌上摔下来，两个小时后小兔子死了。妈妈非常心疼却也无可奈何地把小兔子处理了，可星星却不以为然，仍满不在乎地说："妈妈，改天我们再买一只小动物！"

现在星星每次看到小动物都要跟妈妈提出想买一只的要求，但是妈妈却不忍心再看到那些活蹦乱跳的小玩意被星星"虐待"致死了，一直不肯答应星星的要求。

孩子为什么会这样？

儿童虐待小动物的行为实际是孩子心理障碍的行为表现，这在很大程度上是孩子发泄心中郁闷、缓解紧张情绪的一种方式。人具有攻击和破坏的本能，当他遭遇心理压力和挫折境遇时，就可能重新激发他的侵

犯动机，出现攻击性。当一个人处于某种原因而不能对侵犯者还击时，往往会找一个替罪羊发泄一通。

✤　✤　✤　✤　✤

儿童心理学专家认为，孩子的精神压力一般来自于几个方面：一是对新环境、新生活的不适应；二是学习压力转化为攻击行为；三是家教过严造成孩子心理紧张；四是家庭不和，孩子感受不到父母亲的温暖。

父母该怎么办？

对症下药，查找造成这种不良行为的原因。父母通过分析这是由哪种压力造成的，然后根据具体情况采取相对应的措施去减轻、缓解孩子的心理压力，才能从根本上解决问题。

对孩子加强爱心教育。父母发现孩子虐待小动物的情况后要及时对孩子讲述小动物的可爱，动物对人的益处，动物与人之间的感情，来引导孩子友善地对待它们，激发孩子对小动物的热爱和同情心。

对孩子多些关心和爱护。父母不仅在物质上，更重要的是在精神上给予孩子关心和爱护，如学习方面的困难、同学之间的交往、个性发展的需要等，只有沐浴在友爱的阳光里，孩子才能身心健康地成长。

适当使用奖惩手段来矫正不良行为。对少数虐待动物成"癖"的孩子，可以给予批评教育，使他们明确认识自己的错误。有的孩子虐待小动物，是想用恃强凌弱的方式来表示自己的能耐，对此心理应从严教育。要奖惩分明，在使用惩罚时，要首先使孩子明白为什么受惩罚，让孩子知道该怎么做、不该怎么做。

相关链接

所有孩子都想拥有自己的宠物，但所有孩子很快就会忘记他们照顾宠物的承诺。很难找到一个孩子能自始自终记住照顾宠物。同样，也没

几个家长不为此感到烦恼。出现这个问题是正常的，这是一个好机会，能让教导孩子学会负责任成为一个持续的过程。这个持续的过程非常关键。

❋接受事实吧，孩子是不会记得要照顾宠物的

要接受你得提醒孩子的现实，在这件事上不适合让孩子从自然发生的后果中学习，因为宠物会因此挨饿。你应温和而坚定地提醒孩子。你可以问问孩子哪一种提醒方式对他们最有效，他们或许会选择打手势，用手指指要做的事情，或直接问他们需要做什么。接受事实，这是把你自己从愤怒和困扰中拯救出来的关键。

✿你可以把动物作为自己的宠物，承担照顾它们的责任——让孩子同你分担这个责任

◈你的期望要符合现实

制作一份方便查询的时间表，如在坐下来吃饭之前先要喂狗。如果你注意到狗的饭盆是空的，而且狗看起来很饿，在开始吃饭前，问一问喂狗是谁的任务。

◈别低估了孩子对宠物爱抚、和宠物一起玩、跟它们说话以及带宠物散步的作用，必要时可加以赞赏

◆有的家长也许愿意给孩子一个选择："要么照顾宠物，要么给它找一个能照顾它的新家。"

但若做了选择，即使孩子哭着恳求你，你也要坚持到底，但要避免把这种选择当做是一种报复，你可以认真地对孩子说："我知道这让你很难受，我也一样会想念它的。也许过几年，我们可以再养。"

我要和妈妈在一起

——不要让孩子有缠人的坏习惯

一天，在双心幼儿园的家长会后，几位孩子的妈妈坐在花园里交流起了育儿经，她们都在抱怨自家的宝宝很缠人。

童童的妈妈："我女儿真让我烦心，每天都一步不离地跟着我，哪怕到楼下取报纸的几分钟也不让我离开，像个小跟班一样，走到哪里跟到哪里。"

家豪的妈妈："我家家豪也是，一会让我帮他拿吃的，吃了几口就扔下了，让我给他再拿积木，积木摆了几分钟又指使我做别的事情。只要我离开一会不听他的指挥了就嚷响大哭，怎么哄也不停，拿他真没办法！"

妮妮的妈妈也说道："是啊，我们家的妮妮也一样，回到家就缠着姥姥的脖子不放手，做什么事情都要姥姥陪。不知道现在的孩子为什么都这么缠人啊！"

孩子为什么会这样？

孩子越小，越依恋成人，他们需要成人的爱抚，要成人跟他一起玩，这不仅是情感上的需要，还有生理和活动上的需要。一般到了3岁，由于孩子独立能力变强了，他们不仅会自己玩，还会和同伴一起玩，并学会做一些力所能及的事，不再缠人了。

但是有些3岁的孩子不敢跟小朋友玩，不愿与别人交往，不能独立地去做某件事，却总是整天缠着父母，比如：吵着要你帮他找玩具，帮他找

出来了，玩了不一会儿，他又丢下玩具拿起你手上的绒线当球踢；你写东西他也要写，给了纸、笔还不干，又要抢你手中的笔等。这很容易让家长恼火，这是什么原因呢？其实，孩子缠人是有一定的心理原因的。

这是缺乏感情的表现。我们可以从婴儿的行为中清楚地看到这一点，婴儿啼哭，不仅仅是因为肚子饿的缘故，有时看到大人从他身边走过却不抱他，也会哇哇哭起来，其目的是引起你的注意，要你赶快抱他。这是一种感情需要。儿童缠人也出于同样的道理，问你要东西、跟你捣乱都不是目的，目的是要你注意他，和他交流感情。这种心理在独生子女身上表现得更为突出。当有人陪、有事干的时候是不会磨人的，当他东张西望不知道做什么的时候，就会来找你的麻烦了。

这也是一种心理依赖。有个性、活动能力强、会玩的孩子较少磨人；相反，过于娇生惯养，样样都由父母安排停当，会使孩子养成离开父母就无法生活的习惯。这种依赖性反映在情绪上，就是围着父母胡搅蛮缠，甚至被父母骂了一通、打了一巴掌，反而安稳了。这种情况正是儿童行为不独立、内心情绪不安定而采取的一种发泄。挨骂挨打反而转移了焦虑，被动地稳定了情绪。这就是为什么许多家长常说的"孩子是贱骨头，好说歹说不行，骂一顿到舒服了"的原因。而且，越是自卑的儿童越容易缠磨大人。

缠人的孩子对家庭成员的态度不一。请注意，孩子专找宠爱他的人缠，也专找态度暧昧、容易妥协的人缠，因为经验证明，他们总是在责骂之后满足他的要求。

※　※　※　※　※

缠人的孩子给了我们一个机会去学习与别人相互尊重。孩子在很小的时候就知道被人关注的感觉很美妙，但有时他们会错误地认为除非他们永远是关注的焦点，否则他们什么也不是。他们要求得越多，家长和老师给他们的关注也越多，但这种关注也可能是积极的，也可能是消极的。对于那些相信只有不断地得到关注才能获得归属感的孩子们来说，给他们多少

关注都是不够的。因此，重要的是家长要给孩子机会从合作和贡献中寻求归属感。同样，父母既要尊重孩子也要尊重自己，应给自己留一些时间，让孩子自己想办法去打发时间，他们不会因为得到的关注少了就活不下去。事实上，缠人孩子往往得到的关注过多而不是过少了。

父母该怎么办？

要使孩子不缠人，自己先不要缠孩子。这一点很重要，有的父母忙的时候恨孩子缠住自己不放。但仔细想想，当你和孩子一样闲得没事的时候，你是否主动先缠孩子呢？许多家长正是这样干的，这反映出你对孩子的感情依赖也是很强的。这就形成了有些家长在高兴起来让孩子缠你，不高兴起来又恨孩子缠你的情况。如果是这种情况，孩子缠人的情况就说不上改了，因为你们彼此都需要对方关注，都缺乏感情独立。

如果孩子是缺乏与父母的感情交流，因孤独而缠人的话，这就需要父母从两方面去做：**一是注意安排出时间与子女讲话，增近感情交流；另一方面，要教导孩子学会自己学习、游戏，逐步使孩子感情独立。**要分清因为要得到好处而缠人的情况，如果应该满足或者认为孩子磨了之后可能同意的事，要干脆利落地早答应；如果是不能同意的事，从头到尾态度要坚决，不给孩子可趁之机。

以上都是缠人现象和现象的纠正。要从根本上纠正还取决于对儿童个性的培养。缠人表示孩子缺乏自立、情绪不定，改变这种个性的根本出路，是不要过分保护孩子，而应培养孩子自立能力，多让孩子自己拿主意，尊重他的选择。这样孩子反而对自己的行为会做出负责的选择，再不会整天缠着你帮他干这干那，也不会不知深浅地提出无理要求。

相关链接

1. 如果孩子都等了一整天想跟你玩，你回到家时，应暂且放下家务，先和他一起玩15分钟，或者让他和你一起做家务。

2. 即便是孩子在身边的时候，你也可以找时间与配偶或者其他人待在一起。这可以让孩子明白他们只能拥有你部分的时间，而不是全部。如果他打搅你，你可以到另一间屋子里去，让房门把你同孩子暂时隔开，或者让他们去别的地方玩。

3. 让孩子知道你虽然听见了他们的干扰，但你忙着干手上的事情，不想去理他。你还可以把手轻轻地放在他的肩上，但别理会他的要求。这会让他们知道，虽然你没理会他们接二连三的要求，但你在乎他们。

4. 你可以用些非语言的信号表示你知道孩子渴望关注，但你不想现在回应他们；也可以碰碰他的手臂，做出暂停的手势或者把手指放在嘴上告诉孩子要安静，这些方法都非常有效；你还可以选择静静地离开房间。

5. 如果孩子缠着你替他们做本可以自己做的事情，你可以跟他们说："我相信你自己可以解决。我信任你！"

再让我看一会电视吧

——别让孩子患上"电视孤独症"

童童是一个4岁的小男孩，他时常会在电视机前一坐就是半天，两只小眼睛只盯着荧光屏，对其他什么都不感兴趣。他不愿活动，不愿和别人说话，连对吃饭也没有多大热情。久而久之，童童变得孤独、怕羞，见了外人也不敢抬头，还不愿和其他的小朋友一起玩，就连溜马都不会坐。当小童童的表现真正引起妈妈的注意时，童童的这种行为已经非常顽固了，根本改不过来，妈妈只好带他去医院的儿科心理门诊。经过检查发现童童患有贫血，生长发育程度也较同龄孩子慢，只相当于2岁大。

孩子为什么会这样？

童童此时已表现出一种类似"电视孤独症"的症状，终日不愿离开电视机，对其他活动不感兴趣，不愿和人交流，还出现了各类适应障碍，如懒散、麻木和消极状况，以获得虚幻的充实和满足感。

把大量的时间花在看电视上，可能会造成孩子性格孤独、怕羞，缺乏生活经验、常识和学习能力，久而久之必然影响其性格的发展，造成孩子情绪不稳定，最终不能适应社会的发展。家庭心理学家约翰·罗斯孟德指出："在孩子个性形成时期，看电视是对孩子生活经历的一种剥夺。"

对认为孩子可以从电视中学到不少东西的说法，有关专家为此做了相应的调查和研究。一位学习专家在其著作中写道："研究表明，电视

快节奏和在视听方面给人的特殊印象，会影响主动思维习惯的形成。如果孩子的大脑习惯于欣赏大量轻松的电视娱乐节目，他们的思维能力就有减退的危险。"

✲✲ ✲✲ ✲✲ ✲✲ ✲✲

儿童电视孤独症，简单地说，就是儿童因看电视而引起的孤独症。患有这种孤独症的儿童不愿离开电视机，对其他活动都不感兴趣，不愿活动，吃饭也不香，不愿和别人说话，还不停地模仿节目中人物的动作和语言，把自己当做剧中人，能将节目中的情节背得烂熟，并文不对题地用于日常生活中，有的还出现自言自语等反常状态。

这类患儿性格孤独、怕羞，缺乏生活经验和常识，缺乏学习能力，不能适应社会，情绪不稳定。儿童孤独症多见于 3 ~ 7 岁的儿童，这种现象应该引起广大家长的注意。国外专家观察发现，患了电视孤独症的儿童，即使再经过最好的教育，将来能够适应社会的，也就是说，能正常生活的只有其中的 1%，这已充分说明了儿童过于迷恋电视的严重危害性。

父母该怎么办？

为防止儿童患上电视孤独症，家长应该做到以下几点：

要严格控制儿童看电视的时间。尤其是学前儿童，每天看电视的时间最好不要超过 0.5 ~ 1 小时，时间最好安排在晚上 6 点半至 7 点半。对于上小学到未满 14 岁的孩子，可以适当放宽。

要选择适合儿童的节目，内容要和儿童的年龄相适应。凡不适合的节目，应坚决不让孩子看。家长可以和孩子一道看看每周的节目预告，进行必要的选择。

家长要尽可能少看些电视，以免孩子跟着看，更不应该只顾自己看电视，把孩子扔在一边。家长中至少要有一人和孩子在一起，给他讲故事、玩游戏，转移孩子对电视的注意力。家长可以把一些业余时间用于

读书或其他有意义的活动。

　　家长应该陪着孩子看适合他的电视节目，给孩子讲解某些电视内容，帮助孩子理解。当孩子看过之后，可以让孩子复述某些内容，这样既可使孩子尽快从电视中摆脱出来，又可培养孩子的分析、表达、判断是非和记忆能力。

　　有空隙时间时，父母要常和孩子在一起，给他们讲讲故事，和他们多做游戏，或带到户外进行活动。平时注意培养孩子对生活产生多种兴趣，并扩大活动范围，转移孩子对电视的注意和依恋。

相关链接

　　美国心理学家约翰·怀特等人于 1990～1993 年，针对学龄前儿童看电视与学习技能的关系问题进行了为期 3 年的追踪研究。其结果发现：从儿童看电视的行为中，基本能预见日后他的学习技能发展如何。

　　2～3 岁期间经常看教育类（或信息类）节目的孩子，待其 5～7 岁时，其各项演习技能得分都较高；常看大众性娱乐节目的孩子，比少看此类节目的孩子学习技能要差。5 岁时具有良好学习技能的孩子升入小学后，更倾向于选择信息类（或教育类）的电视节目。也就是说，看电视与儿童学习成绩的关系是双向的。因此，在儿童期间的初期，如果不能阻止孩子看电视，一定要帮孩子养成良好的看电视的习惯。

我的玩具谁也不能碰

——纠正孩子的占有欲

　　文文已经3岁了，但是他非常抗拒别人拿他的东西，不喜欢和其他的小朋友分享玩具。当小伙伴到文文家里玩的时候，他会从他们的手中夺回玩具，并且大叫："放下它！不准碰！那是我的！"

　　前几天，文文的表妹来文文家做客，表妹看到文文房间里有一只可爱的玩具熊，就偷偷地抱在怀里亲了一下，文文看到了后，一下子就把表妹推倒，把玩具熊从表妹的手里抢回来。表妹哭着跑回客厅，文文还喊道："不准碰我的东西！再碰我就打你了！"文文的妈妈觉得文文特别的自私。

孩子为什么会这样？

　　孩子的占有欲，实际上是孩子成长阶段的一种正常心理，我们不能简单地把它视为"自私自利"，说成是思想品德有问题。

　　孩子到了3岁左右，就会产生明显的"以我为中心"的意识，往往是从"我"出发，而不知道还有"你"、有"他"、有别人，因而导致了独占行为的发生。这与"自私自利"有着本质区别。

　　总之，孩子的"占有欲"是孩子成长发展中出现的一种正常心理现象，随着孩子年龄的增长，通过教育，"以我为中心"的意识逐渐淡薄，这种"占有欲"会逐渐地减少或消失。

　　因此，当父母遇到孩子独占、抢夺别人的东西时，不要大惊小怪，更不应责骂孩子自私自利，而应给予说服教育和指导。

❋　❋　❋　❋　❋

18 个月至 3 岁，正是小孩的建立自我时期。在这个时期的孩童眼中，凡周遭一切皆是属于他的。然后，通过不断地宣示"我的，我的"来建立起强烈的自我意识。通过对物品专属的占有权，孩子发展出其自我意识。因此，孩子会将属于他的东西，寸步不离地携带着。只有这样，才能巩固自我认同并增强安全感。当其他的小孩触动了属于他的玩具，他一定要将专属于自己的东西争回来，而且，不达目的决不罢休。

虽然孩子在与别的小孩相处时，因为自我中心引起了许多冲突，且使父母觉得尴尬，但是，明智的父母不会要求这个时期的小孩去分享，因为这个年纪的小孩，建立明确的自我意识是首要之务，其余的一切他毫不在乎。

父母该怎么办？

家长不宜强迫小孩去分享。如果父母强迫孩子去分享，以期望他能和别人好好相处，这种做法将使孩子在表面上不得已接受父母的做法，但在心理上，由于自我意识建立不完全，成人之后更容易变成自我中心、占有欲强的人。相反，如果父母能尊重孩子建立自我意识的迫切性，接受并善加诱导，在孩子 3 岁以后，由于父母的协助，他建立了完整的自我意识，自然乐于开始尝试分享的乐趣。

让孩子形成"分享"的好习惯。孩子已经形成所有权的概念之后，占有欲仍然非常强烈，这种情况就需要注意了。应该教导孩子学会分享，比如吃饭时和孩子分着吃、买东西时家人各一份，慢慢地，孩子就会发现分享的快乐，独占的心理就不会那么严重了。同时，强调孩子"借"、"还"的概念也很重要，让孩子知道，喜欢的东西可以暂时"借"来玩，但是不可以据为己有。养成借和还的习惯，对年幼的孩子来说，是件好事。

承认孩子专属的东西。家长应该给孩子明确的支持，例如，带着孩子在室内走走，并告诉他，哪些是专属于他的东西，同时教他一些物品的名称，可谓一举两得。

当孩子吵着"我的，我的"的同时，家长可以从旁肯定他。但同时，父母也要教他一些规矩，可以这样说："对，这些是你的东西，慢慢说，不可以尖叫，妈妈不喜欢你随便喊叫。"

当孩子以尖叫的方式索讨玩具时，家长不妨转身离开或低下头正视着他，待他稍微安静下来时，告诉他："如果再叫，妈妈就不把玩具给你，你必须好好地说。"父母要坚定自己的立场，当孩子哭闹吵嚷时劝导，等他平静下来后，再给他玩具。

相关链接

处理孩子纷争的小招数：

让孩子把玩具给小伙伴玩，不如教孩子和伙伴一起玩。

年幼的孩子一起玩可以让孩子学习自己解决问题。

如果孩子非常厌烦伙伴，父母就要适当调解或把孩子抱开。

可以把不能分享而且孩子珍爱的玩具设置为禁区，不可以与其他人共享；把可以一起玩的玩具作为公共玩具。

去别人家做客，如果孩子之间因为玩具争吵，可以要求孩子拿最心爱的玩具和对方交换，但不允许和同伴争夺。

要打我，我就告诉爷爷去

——老人溺爱孩子怎么办

昨天，丹丹的妈妈很生气，事情是这样的：下午四点，丹丹打电话来，说："妈妈，我回家了，爷爷不让我去学琴，说下雨了就别去了。"

妈妈："现在雨不是停了么？你让爷爷再送你去吧，再说学琴的地方离家不远，走路也就5分钟。"

丹丹："爷爷不在家，只有奶奶在家。"

妈妈："哦，那你让奶奶接电话。"奶奶接过电话。

妈妈："妈，你送丹丹学琴去吧。今天中午老师打电话来了，说她今天休息，让丹丹去学琴呢。丹丹一个月只能学这四天，不要浪费了时间。"

奶奶："下雨了（可是现在停了），孩子的衣服该淋湿了，我要做饭。"

妈妈："那算了吧，叫丹丹来接电话。"

丹丹拿起电话后，妈妈说："宝宝，没人送你去你就自己去吧，反正你也是大孩子了，以前天气好的时候，你也自己去过，好么？"

丹丹听话地说："行。"丹丹挂了电话后就走了。

孩子为什么会这样？

年轻的父母工作负担重、压力大，可能花在孩子身上的时间和精力就会受到很大影响。因此，很多年轻的父母都是把孩子交给老人（爷

爷、奶奶或是姥爷、姥姥），或者是和老人住在一起。这样，老人就可以帮着照顾孩子，父母也可以全身心地投入到工作中！这当然是件非常理想的事。

但同时，这其中也会存在一些问题，其中一个问题就是老人出于对孩子的心疼与爱护，一般可能都比较偏向孩子，有时候甚至还会出现溺爱！这时候，如果孩子出现错误或是过失的时候，在爸爸、妈妈教育的时候，老人可能会出面干涉，这样就会影响教育孩子的效果。时间一长，势必危害到孩子的健康人格的养成。

❉　❉　❉　❉　❉

大多数孩子都喜欢与老人呆在一起，原因是，老人一来，孩子就会得到许多好吃的食品、好玩的玩具，孩子的任何要求都会得到满足。有些老人乐于从孩子那里得到乐趣，但对孩子的发展不负任何责任。作为孩子的父母，该如何面对长辈过于溺爱孩子这一棘手的问题呢？

父母该怎么办？

耐心说服老人。爷爷、奶奶和父母是两代人，除了在年龄上有较大的差异外，在思维方法、生活经历、个人爱好、生活习惯、社会条件以及所受到的教育等方面，都存在很大差距。在教育晚辈方面持有不同的意见、态度和方法是正常的。

因此，父母要看到老人溺爱孩子的"必然性"，可以先肯定老人的慈爱之心，尊重老人的劳动成果，对老人的哺育之情表示由衷感激。然后，向老人陈述正确教育孩子的责任以及溺爱孩子的危害性，希望老人配合共同教育好孩子。例如：不偏袒孩子的短处，不娇惯孩子，孩子来看望时，不要给孩子零花钱或唠叨"你妈不会照顾你"之类的话。

如果老人忍受不了约束孩子的规定，就只好作些暂时的妥协，但不能过份，要和他们讲清楚："我们打算把你们在这里的时间算作是孩子的特殊时间，你们走后，我们还得让他遵守原来的规定。"

采取一些必要的教育手段。孩子任性也好，有某些不良行为也好，虽然这与老人的溺爱、娇惯有关，但父母也应看到自己未尽教子责任的一面。因此，父亲、母亲在向老人说理的同时，可通过一些必要的教育手段来纠正孩子的不良习气，在日常生活中培养孩子自我服务能力和劳动习惯。家长对孩子的合理要求要坚持下去，不妥协。但切忌没有耐心、态度粗暴，更不可打骂孩子。另外，父母如经常带孩子出外远足、野餐、游泳、滑冰等，在各种有益的活动中，便可加深与孩子的感情，使孩子自觉地听从父母的意见。

相关链接

目前，越来越多的奶奶、爷爷、姥姥、姥爷，投入到看管孙辈的行列中。无论是在社区的大院中，还是在幼儿园的大门前，都可以看见有许多老人在看管或接送着他们的孙辈们。老人带孩子既有优点，也存在着一定的弊端。

老人帮助儿女带孩子的优点：

※老人有丰富的生活阅历和育儿经验，对孙子辈关怀备至

老人退休后时间也比较充裕，照顾孩子更有耐心、更爱抚；责任心更强，会给孩子更多的爱。

❋给年轻的父母更多空余时间

现在年轻父母大多工作繁忙，孩子照料问题是他们的一块心病，有了老人的帮助，可以减轻年轻父母的后顾之忧，使他们更加全力以赴地投入工作。

◈孩子可以给老人带来欢乐

对老人有利。老人最怕寂寞，儿孙围绕在老人身边，对老人来说是晚年生活中最大的安慰和快乐；同时，老人还可从孩子的成长中获得生命活力，还可以老有所为，给发挥余热提供机会。这种与孙辈玩耍游戏

的天伦之乐对帮助老人保持健康的心态大有裨益。

老人带孩子也存在着一定的弊端：

❖过分疼爱导致溺爱

老人往往格外疼爱孩子，并且容易陷入无原则的迁就和溺爱。再就是老人心理上会有些顾忌——若出差错，怕儿女怪罪。于是，老人处处依着孩子，对孩子不合理的欲望常会无原则地满足。时间一长，孩子会觉得自己是家庭的"主宰"——人人都得听自己的。稍不如意就会大哭大闹。老人又怕孩子哭坏身体，又是百般哄劝。这样，孩子会发现通过哭闹、发脾气会达到自己的目的，于是孩子就会通过发脾气和哭闹来要挟家长，来满足自己的非分要求。因此，过分的溺爱和迁就容易使孩子产生"自我中心"意识，形成自私、任性等不良个性。

◉祖辈的教育不适合时代的发展

在社会飞速发展的今天，祖辈的一些思想观念相对比较陈旧，与现实标准有一定的差距，不太容易接受新事物，往往不能很快跟上社会发展和观念更新的步伐。

一些祖辈人受教育的程度普遍偏低，知识面较窄，接受的又是几十年前的教育，而且祖辈人由于带过几个孩子，很容易觉得自己是"过来人"，"吃的盐比年轻人吃的米都多"，因此，往往用经验代替科学。

❖容易导致亲子关系疏远

老人爱孙子与父母爱孩子，既有相似之处，也有不同之处。相同之处都是出于对孩子的爱；不同之处是爱的形式不同，父母爱孩子偏于"严"，老人爱孙子偏于"慈"、"宽"、"容"。连父母对孩子的正当管教，祖辈也会横加袒护与阻拦。正是祖辈的干预，才使做父母的无法行使自己教育子女的权利，这势必导致老人与父母的矛盾，以致关系疏远。

在孩子幼小的心灵里，他们认为，谁不打他、不骂他，谁事事依着他，那就是对他好。而父母对他的要求严，对于不合理的要求不予以满足，他们就认为父母对他不好、不爱他，对父母产生抵触心理，导致孩子和父母之间关系疏远。

❀祖辈往往把孙辈封闭在小环境中

儿童时期恰恰是孩子求知欲强、体力和脑力活动充沛的关键时期，这个阶段需要给他们合理的智力刺激和活动力量。如果把孩子封闭在小环境里，孩子往往容易养成内向、不爱活动的习惯和生活方式。而老年人生理衰退，腿脚不便，喜静懒动，总把孩子圈在一个小圈子里，带出来的孩子容易老成有余，活泼不足，阻碍了孩子智能的发展。

我就是要哭

——特爱哭的小孩儿

　　家佳是一个爱哭的小姑娘。在别人眼里，家佳是一个十足的"好哭佬"，跟小朋友玩的时候哭，妈妈批评的时候哭，不想吃饭时哭，睡觉时候也哭……总之，任何时候，家佳总是以哭声来处理生活中的不顺。

　　这不，星期天家佳又哭闹了一上午，原因是：家佳和皮皮在小区的花园里玩，开始玩得好好的，可是后来两人在小区的花园里发现了一个小铁环，皮皮利落一些，很快就抢到了小铁环，可是家佳想要，皮皮不给。家佳生气了，一跺脚，推了皮皮一下，说道："你给不给我，不给我就哭！"皮皮当然不给，家佳就哇哇大哭起来，直到家佳的妈妈和皮皮的妈妈同时来到小区花园，皮皮在妈妈的鼓励下把小铁环让给了家佳，这才让家佳这个"好哭佬"停了哭声。

　　事后，家佳妈妈真的好想"教训教训"这个爱哭的小女孩，可是想到以前，每次都说不了三两句，家佳就"泪飞如雨"了，就又不敢再教训了。可是家佳实在太爱哭了，怎么办？妈妈对家佳头痛极了。

孩子为什么会这样？

　　哭是不愉快的情绪表现。在孩子刚出生时，他们就用哭来表达他们的要求，比如饿了、身体不舒服等。但那时，哭仅仅具有生理上的意

义；而随着幼儿的渐渐长大，他们的哭也逐渐具有一种社会意义了，如：用哭来控制家长，用哭来面对困难，用哭来作武器，等等。

也许一开始孩子并没有想到用哭来达到自己的要求，可是当孩子用哭多次达到了自己的要求和目的时，他们就会把哭当做对付家长的武器，并逐渐把这个武器用到集体环境中去，但没想到并不成功，于是哭又成了情感的宣泄。爱哭的孩子在排除身体毛病之外，一般都具有这种特性和目的，所以家长们应该正确地应对孩子的哭声，合理地给予引导。

❀ ❀ ❀ ❀ ❀

每个孩子都与众不同。家里有多个孩子的父母对此都会有深切的体会。有些孩子很容易就哭，因为他们天性敏感，而哭是他们表达自己的方式；有些孩子通过哭来吸引注意，获得权利，报复别人，或者说哭泣只是一种不满足的表示；还有些孩子由于一时的失望、愤怒或沮丧而哭。当然，哭对于婴儿来说是他们唯一的沟通方式。关键是要充分地了解你的孩子，知道他的不同之处，找到恰当的教育方法，从而有效地处理不同的情况。

父母该怎么办？

孩子爱哭多半是父母造成的。孩子的成长需要有一个过程，我们都知道新生儿哭是为了表达自己的要求或是身体的不舒服等，可是一旦孩子学会了说话，如果在排除了身体的毛病之后还爱哭，很可能就是一种不正常的表现了。这时父母就要从自己的身上找原因了。

不要助长孩子的哭。孩子哭时，家长不要极严厉地禁止，也不要过分地同情，否则会给孩子哭的"动力"，使他哭得更厉害。家长要以中性态度去对待，可以和孩子玩一些消遣性的游戏，分散注意力，或是给孩子一些适当的安慰等。

引导孩子把哭变成语言。平常教会孩子在他遇到困难或不顺心的事

情时，把自己的想法说出来。这样，当家长或其他人了解了他的想法和要求后，可以更有针对性地帮他解决问题，也可以帮助孩子减少哭泣。

大人自己要做好榜样。大人要善于调节自己的心智，不要在孩子面前将自己的消极情绪表现出来，否则孩子也会模仿，大人流眼泪，孩子也会马上流眼泪。如果大人真的要哭，那也要避开孩子。

少批评、多鼓励孩子。平常不要动不动就批评孩子，而要多鼓励和帮助孩子。这样，孩子才可能很好地改正，以做得更好来获得更多的表扬。否则，一味地批评，只能让孩子更加的自卑、胆小怕事，消减自己的能力和自信，更会导致他们哭泣。

为了帮助爱哭的孩子勇敢地面对挫折，家长应当从培养能力、增强自信开始来培养孩子。在遇到困难和挫折时，要有意地引导他忍耐、坚持、战胜困难。当他们在对抗困难中取得点滴成绩时，则要给予积极的表扬和肯定，让孩子在感受成功的喜悦时，有信心去战胜更多、更难的困难，这样孩子有了足够的应对受挫能力和解决困难的方法，那么，他就不会再那么脆弱了，哭的次数当然也会随之减少了。

相关链接

要改变孩子爱哭的习惯，就要让他知道哭并不能产生任何作用和效果。要想达到这个目标，父母首先要检讨自己对待孩子哭的反应。

❋**当孩子有问题时，不要一听见他的哭声就紧张地回应他，而要让他先停止哭，把问题说出来**

训练他不要每一次有事都只以哭声来表达不满，同时要给予他充分的时间去平复情绪。一个哭得稀哩哗啦的孩子，要他立即停止是不可能的，父母先清楚地把话说完，然后静静地陪在一旁，等他平复下来，不要催促或者表现出不耐烦。

❋**平时父母对于孩子的任何问题，都要认真回答，让他们学习如何**

用语言来表达意见，不必每一次都要哭

当孩子一不如意就哭起来的时候，决不能因此而照他的意思去做，来让他停止继续哭下去，孩子的这种独占心理可能和孩子有关。因为他们会习以为常，以这种方式要求父母为他做事或得到一些东西。反之，如果知道孩子是有目的而哭，父母应立即走开，不理会他。

◈坚定自己的立场，任何情况下都不要向孩子的哭闹让步，让他知道哭泣并不能为他带来他想要的东西；如果不哭，或许还有机会得到

年纪稍大的孩子，有必要向他解释动辄哭泣是一种错误的行为，教导他遇到问题应该立即想办法去解决。例如，遇到问题而自己却不能解决时，可以告诉父母，向父母求助；有任何需要或病痛时，可以直接向父母说明。

◈称赞一些他认识的不爱哭的孩子，并鼓励他向这些孩子学习

偶有不如意却没有哭的话，就及时夸奖他有进步了，给他一些口头称赞、一个拥抱或一个亲吻等。

不爱洗脸的邋遢鬼

——让邋遢的孩子爱干净

　　亮亮很不爱清洁，总是一副邋遢的样子。他今年7岁，上小学一年级。几乎每天放学时，他都搞一身脏臭。妈妈要他去洗澡，他总是推三阻四的；好不容易进了浴室，哗啦哗啦不到三分钟便出来了。亮亮吃饭前从不洗手，也懒得刷牙漱口，所以经常闹肚子，而且牙齿蛀了不少。妈妈对他这种不讲卫生的习惯，非常头痛，经常提醒他，甚至警告他。有时亮亮的爸爸气不过，揍过他几次，但他依然邋遢。现在，妈妈还在为亮亮早晨不洗脸、不刷牙、不爱干净而苦恼着。

孩子为什么会这样?

　　许多的父母对于孩子不爱清洁的习惯常不断地提醒或警告，他们希望孩子能因此养成讲卫生的习惯，然而是一点帮助也没有。"我已经告诉你多少次，吃饭前要洗手，饭后要刷牙漱口……"这是父母最常用的话语，甚至说得太多了。为什么孩子都没听进去? 其实，"我已经告诉你多少次……"这句话只反映了一个事实：一个被激怒的大人与一个得逞的小孩在玩"我需要你注意我"的游戏。

　　孩子心里有个错误的想法是："只有像我现在脏兮兮的样子，才能获得你的注意力。"他是真的没听进你的话吗? 孩子的学习能力很快，一次的"告诉"已经使他明白不爱清洁这类的行为是不对的。

　　有些父母努力了一阵子，放弃地说："算了! 管也管不了。"但有些

父母仍不死心地继续唠叨着："牙刷了没有?""脸洗了没有?"甚至等孩子离开洗手间后,偷偷地检查孩子的牙刷、毛巾是否是湿的?这样的父母认为不盯紧孩子、不检查孩子,一切事情就放不下心来。然而,"道高一尺,魔高一丈。"一位小男孩知道他妈妈常偷偷检查他的牙刷,所以他每次把牙刷沾了水一挂,就代表刷了牙。直到孩子长蛀牙了,到医生那里检查时才被发现,他的妈妈上了好久的当。

※ ※ ※ ※ ※

孩子之所以邋遢,一般由以下几方面原因引起:

教育方面的原因。这类孩子一般未受到良好的卫生行为指导,没能养成良好的卫生习惯。有的家长工作较忙,没时间教育或料理孩子。

环境方面的原因。孩子生活的环境较差,父母及周围的人群中缺乏卫生知识,卫生意识淡薄。这种情况在农村特别是一些经济落后的地区较为普遍。

疾病方面的原因。如有的疾病引起孩子经常流口水、流鼻涕,有的甚至大小便失禁等。

父母该怎么办?

怎样使邋遢的孩子变得干净?

教育和帮助孩子养成良好的卫生习惯。不管是家长的卫生习惯有何不同,还是地域的差别有多大,许多基本的卫生标准是相同的,如:饭前、便后要洗手,衣服、鞋袜等要勤换洗并尽量保持整洁,勤剪指甲等。另外,要让孩子做一些力所能及的事,如让孩子自己洗一些小衣物、小手帕等,让孩子体会到劳动的辛苦,养成保持衣服整洁的习惯。

进行适当的卫生知识教育,让孩子懂得不讲卫生所造成的危害。有条件的应让孩子观看显微镜下的病菌等。通过卫生知识的教育,孩子会变得自觉地讲究卫生。

及时治疗引起孩子邋遢的疾病。随着疾病的治愈,孩子因病引起的

邋遢症状也会随之消失。

相关链接

父母得先作表率，自己应有良好的卫生习惯。父母可偶尔查看一下孩子做到了该做的事没有，不要像间谍似的调查孩子的行为。

制定一些规范，如不洗手不要上桌吃饭、不洗澡不要上床睡觉等，但要注意声调语气不要带有责罚的意思，而且规范只说一遍，然后用行动来表示。

孩子刷不刷牙是他和医生之间的事。牙齿蛀了的自然结果就是得上牙医那儿治疗，由医生来处理此事；医生会告诉他牙齿的保养，而且他也从拔牙、补牙、洗牙或吃药打针上得到教训。

洗澡也是孩子自己的事，父母无须插手管。不洗澡的自然结果是味道难闻，别人闻了必远离他，尤其是他的朋友、同学告诉他味道不好更有效。父母也可以表示，自己无法忍受这气味，可以拒绝与他同桌吃饭或坐在一起。此外，不洗澡会使身体发痒，尤其是夏天到了，天热流汗多，不常清洗容易使皮肤疼痒或生疹块。这些都是自然的结果，从中可让孩子学习到自己行为的结果，这不是要父母狠心不管，而是衡量一下这与孩子良好的习惯养成和未来的健全发展之间的比较，你便可分出何者重要了。

假如孩子抗拒心强，硬要不洗手或不洗澡便上桌吃饭，一则可以请他到别处吃饭，因为他身上气味不好或太脏。要不然，父母离开饭桌，带着饭菜到别处吃，并且告诉他："我闻到不好的味道会使我感到不舒服，所以我们只好离开。"

我是妈妈，在哄"宝宝"睡觉

——不能忽略孩子爱模仿的天性

悦悦最近特别喜欢模仿。例如，悦悦的爸爸把双手交叉着放在胸前，悦悦也跟着做。外公双手叉在裤兜兜里，悦悦也低着头找裤兜，插进了一个，还要插第二个。悦悦的妈妈在哄悦悦睡觉，小家伙也拍着怀里的布娃娃，学妈妈一样哄娃娃睡觉。总之，别人的每个动作，特别是家里人的动作，悦悦都爱模仿。

悦悦吃西瓜，以前是切成一小块儿一小块儿，放在碗里喂。现在小家伙可不干了。爸爸、妈妈都拿在手上吃，她说自己为什么不行。悦悦也要跟爸爸、妈妈一样，拿在手上吃，尽管吃得地上、手上、衣服上全是西瓜水。而且，她把西瓜啃得已经快吃到皮了，她还说没吃完，要继续啃。

孩子为什么会这样？

模仿能力是孩子们与生俱来的天性，而且往往与游戏相伴。婴幼儿时，他们会模仿看到的各种动作，比如拍手、再见等。再长大一些了，孩子们开始在游戏过程中模仿各种社会角色，如小女孩一般喜欢玩"过家家"，你当爸爸、我当妈妈，我做饭给你吃；而男孩子们一般就是模仿警察、士兵，玩打仗类的游戏。在游戏过程中，孩子是全情投入，非常认真的。

❋ ❋ ❋ ❋ ❋

　　家长要尊重孩子的模仿，因为模仿是孩子的一个从无到有的创新过程。只要孩子的模仿行为不妨碍他人，作为父母，都应该鼓励，并且创造良好的条件教孩子模仿。这样，既丰富了孩子的认知经验，又能让孩子在模仿中学习本领。他们对正确的事物模仿越多，积累的生活经验就越丰富，想象和思考的空间就越开阔，敢于创造的机会就越多。

父母该怎么办？

　　根据孩子好奇、好动的特点，家长可以经常带孩子出去走走。让孩子看看马路上的人流、车辆及红绿灯，去公园观察花草树木及各种动物，去田野认识各种农作物，通过引导观察，使孩子们知道马路上车辆、人流与红绿灯的关系，认识花草树木和小动物，培养孩子的观察力和辨别能力。

　　在日常生活中，父母要注意让孩子看一看、摸一摸、动一动。如在吃苹果时，家长可以让孩子先看看苹果的颜色，摸一摸苹果皮的光滑感觉，尝尝是什么味道，切开的苹果籽是什么颜色和形状。拣菜、拾掇东西时让孩子插手帮忙，要多给孩子讲这是什么、那是什么，它们的颜色、形状、用途等。孩子可以在无形中学到许多知识，这比妈妈让孩子

坐好，给他讲这是什么、那是什么的效果要好得多。因为前者是使孩子处于积极的思维状态，而后者则是使孩子处于被动的灌输状态。

根据孩子的好奇心来培养孩子的观察力和注意力，通过孩子的好动、爱模仿的特点来培养孩子的动作协调性、灵敏、思维力及表达能力。

另外，爱模仿是孩子的天性。家长可让孩子学学和模仿汽车及特种车辆的嗽叭和报警声、各种小动物的叫声，观察它们是怎样跑、走、飞和游的，如孩子模仿不上来，家长可给予正确引导。

好的模仿，父母应及时表扬、鼓励，使孩子好的行为继续得以保持。比如，孩子看到妈妈捡起掉在地上的东西后也会跟着捡。这时，妈妈就应该夸奖孩子说："宝宝真好，会帮妈妈做事啦！"也可以亲亲或搂搂孩子，让孩子感觉到："爸爸妈妈喜欢我做好事。"但由于孩子的是非观念差，他们对成人的行为和语言的模仿是无选择性的。所以，成人的某些不文明行为和语言会被他们模仿而对他们产生负面影响。因此，父母首先要注意自己的行为和语言，给孩子树立一个好的榜样，让孩子学到更多好的行为和语言，使孩子心理得到健康发展。

相关链接

有关专家指出，由于孩子的模仿能力很强，不同的年龄模仿的方式也各有不同，所以，对孩子模仿的引导要分年龄段。

※6个月大孩子

别以为婴幼儿刚生下来，就什么都不知道，没有学习能力，其实他们的学习能力很强，所以千万别小看这个时期的宝宝哦！妈妈可以和宝宝再近一点，帮助宝宝了解声音和唇部的动作是同时产生的。宝宝需要练习用唇、舌发出各种声音，以便日后学说话。还得模仿耳朵听到的声音，同时也要模仿别人的唇部动作。你可以把宝宝抱近，让他看到你的

唇和脸；你还可以高高兴兴地和他说话，然后等他发出声音，再将他的声音重复一遍，让他知道妈妈是多么喜欢他发出声音来。

✽6～12个月大孩子

这个时期的孩子开始学习语言了，动作量也增多，模仿力特强，所以爸爸比妈妈要更加注意身教了。

❈12～18个月孩子

孩子越长越大，也就越来越皮了。父母可以立下一些孩子可以理解的规矩，开始灌输他们规范的观念。

✽18～24个月孩子

让孩子在模仿中学着解决一些小问题，在面对新的环境时就不会害怕了。

◈2～2岁半孩子

孩子急着要说话、要表现自己，用爱心和一点儿幽默感来度过这段亲子的相处期。

✽2岁半～3岁孩子

孩子开始会用脑筋想事情了，可以常用问话的方式，鼓励孩子运用学会的词语，并在孩子用动作表达意思时，引导他用言语来表达。

孩子坐不住板凳

——孩子没耐性怎么办

　　周末，妈妈带丢丢去上一堂英语试听课。刚一开课，丢丢就满地乱跑，一共六个孩子，就等丢丢一个人。好不容易丢丢坐稳了，但是丢丢的小手一会儿动这个，一会儿动那个，一点也不好好听，试听课上了一半丢丢就说要上厕所，妈妈带他去了厕所。回来后，丢丢就坐不住了，待了一会儿说要找爸爸，嗖一下就跑出去了，说什么也不回来上课了。

孩子为什么会这样？

　　生活中我们经常听到一些家长抱怨孩子坐不住。孩子学习注意力不集中、自制力差，这的确很让老师家长伤脑筋。可是，明明很聪明的孩子为什么会这样呢？原因是年幼的孩子心智发育不成熟，安安静静地坐着，或者长时间专注做某一件事情，这对于大多数孩子来说是一件很困难的事。他们就像无舵之船，难以掌握自己的人生方向。

　　而大一点儿的孩子自制力差，则有可能是因为从小已经养成了不良习惯，所以一时改不了。更有一些孩子自制力差则可能是出于对某种事物，如学习、繁重的课业的抗议等。

　　自制力的形成并不全是孩子自己的事，父母要从小对孩子进行正确的教育。所以如果从小父母就没对孩子进行自制力的培养，那么长大点儿时，父母就应该格外重视了。

✦　✦　✦　✦　✦

针对做事情耐心和定力不足的孩子，需要父母在以后的生活和学习中不断加强这方面的教育。在家里父母也可针对缺乏耐性的孩子进行一些有针对性的活动练习和培养。

父母该怎么办？

排除无关刺激的干扰。孩子以无意注意为主，一切新奇、多变的事物都会吸引他们，干扰他们正在进行的活动，有碍耐心的形成培养。家长应尽量避免有关的干扰，如孩子听故事时，家长尽量少走动，别打断，以免分散孩子注意力；孩子正在画画时，家长最好不要进行看电视等刺激较强的活动，应为孩子从小营造一个安静、平和的成长环境。

避免孩子过度疲劳。孩子神经系统的耐受力较差，长时间处于紧张状态或从事单调活动，便会引起疲劳，降低觉醒水平，使注意力涣散。有时父母因为孩子缺少耐心、注意力不集中而强迫孩子一再的坚持，这不仅使孩子容易疲劳，还会使孩子产生逆反情绪，更加不喜欢这项活动，不利于耐心的培养。

增强孩子的兴趣，使孩子全身心地投入。孩子的活动应从孩子的兴趣入手，内容要贴近儿童生活，方式要游戏化，使他们在过程中有愉快的体验。教孩子穿衣服时，家长可编成儿歌，使他们易于接受，如"抓领子，盖房子，小老鼠钻洞子，吱吱吱吱上房子。"在孩子进行枯燥的涂色练习时，家长可以用拟人的方法使孩子接受：给圆形娃娃穿五颜六色的衣服，不过衣服不要太大，不能涂到线以外等等。

不断地鼓励、支持孩子，使其有始有终。不断地鼓励、肯定孩子，给孩子自信，使他乐于此项活动，让他明了自己可以干得很好、干得漂亮。

相关链接

造成孩子坐不住板凳、没耐性的原因可能和以下方面有关：

❀ 生理因素

注意力是与神经及心理息息相关的复杂能力，其发展多与脑部有关。若孩子的中枢神经活化调节能力受损，即前额叶区皮质功能不全，就会使其活化不足，当大人在和孩子讲话时，孩子便无法专心，听不进去大人的话。此外，脑中的海马结构出问题，也会让中枢神经抑制性的控制功能不足，使冲动控制能力较差。

❀ 心理因素，自我调节能力受限

当孩子被要求暂时延缓满足需求，易产生对奖赏的敏感性减弱。如果是这类型的心理因素，短时间内增强语言上的赞美和更多、更直接、更频繁与快速的回应需求是很重要的。当孩子的需求被满足后，便能较适当地掌控自己的行为。

❖ 不良的执行能力

孩子缺乏内化的自我教导，缺乏对观察的行为进行分析，情绪、动机与积极程度的自我控制能力不足，非语言的行为记忆不足等，即拥有不良的执行能力。由于孩子缺乏产生内在动机、驱力或决心的能力，常使他们看似缺乏意志力或自律，也就是说，如果没有立即的酬赏、有吸引力的事件，他们是无法持续把事情做下去的。

❖ 环境因素

孩子缺乏合宜的社会互动模式时，容易因为做不好而遭受辱骂或嫌弃，这时他会认为自己就是这么糟，反而会增强孩子的负向行为。而家庭的教养方式亦会左右孩子，耐性与霸性、坚持度相关，家长从小的教养态度若过于溺爱，易使孩子成为小霸王，无法接受需求被延宕，因此较没耐性。

◈ 学龄前期孩子有无耐性与家庭教养态度相关

尤其是2岁半到3岁左右的孩子，心理发展阶段处于自我中心期，

这时孩子会常要求或想拥有东西，如果家长是采取完全顺从的态度，立即满足孩子的需求，将来孩子进入团体活动中时，孩子会误以为可以照这样的模式要求他人，这也会影响孩子的人际关系。

※**事件因素**

事件不同，孩子的兴趣程度与处事动力亦不同，所以家长可以针对孩子较有兴趣或喜欢的事物作为切入点，去培养其耐性，效果会较显著。

少年烦恼篇：
探寻少年叛逆背后的真相

妈妈，我不想去上学

——孩子准备好上学了吗

9月1日是小学开学的日子，洋洋也第一次上学，开始了自己的小学之旅。开学第一天，洋洋的妈妈很牵挂洋洋，生怕洋洋在学校里出了什么事情，但是这一天，直到洋洋放学回家后什么事情都没有发生过。到了晚上，妈妈以为洋洋已经适应了学校的生活就安心地睡觉了。

第二天，妈妈敲门叫洋洋起床，可是洋洋说什么都不起来，就是赖在床上不想上学，洋洋的妈妈怎么也不明白，昨天还好好的洋洋为什么突然就不想去上学了。

孩子为什么会这样？

因为孩子入学是件大事，几乎每一位家长都会在孩子入学前为孩子准备好书包、铅笔、文具盒，但这都属于物质准备，对于一个尚没有走进过校门，不知道老师、上课具体意味着什么的孩子来说，生活、心理上的准备对孩子适应新的学校生活更为重要。对洋洋来说，现在进行上述培养虽然有些晚了，但是孩子今后的学习生活还长着呢，"亡羊补牢"还是会有帮助的。

❁　❁　❁　❁　❁

好的开始等于成功的一半，所有的家长都希望孩子能尽快适应新的学习生活，为将来走向社会、走向生活奠定坚实的基础。但小学毕竟不同于幼儿园，每个即将步入小学的孩子，都需要家长帮助他们步入三个过渡期。

心理建设。孩子对转换新环境向来敏感，父母要特别注意。父母在孩子入学前，其实可以先为孩子做这样的心理辅导：告诉孩子虽然妈妈不在你的身边，但在学校，你可以依靠老师，他们都很疼爱你，他们很友善又亲切，遇上什么困难或问题都可以告诉老师。

学习表达期。孩子面对陌生的环境或人，都不擅长表达自己，父母可以先灌输孩子表达自己想法的重要性。即使是 3 岁的孩子仍不太懂上厕所，至少要让孩子懂得告诉老师自己要上厕所的意愿。

适时抽离期。孩子入学前几天会因为和父母分离而显焦虑、恐惧、哭泣，这样的反应往往会让家长心疼与不忍，有些父母甚至留在学校陪孩子一起上课。其实，给孩子信心是必要的，但不能容许孩子以逃避方式面对适应及挑战。建议父母可以让孩子知道，学校里有同学及老师陪他念书、玩耍，你只是暂时离开了，但却是他的后盾。所以，父母在送孩子上学的那一刻，在和孩子沟通好之后，当老师把孩子带入课室时，父母就该适时抽身。

父母该怎么办？

那么，当孩子度过这三个时期后，家长还应该为入学的孩子做些什么呢？

家长要带孩子到医院检查身体。很多父母有个错误的观念，认为孩子不发烧、不生病就是身体健康。其实，暂时没有病并不一定代表孩子一切正常，尤其是孩子的视力和听力。现在弱视的孩子很多，家长要及时掌握孩子的情况，并且在医生的指导下进行治疗。经过检查，如果发现孩子视力有问题，开学报到时，应及时和班主任沟通，以便班主任在分排座位时，给予孩子适当的照顾。如果孩子的听力有问题，就会直接影响到听课效果，而听课是学习最关键的环节。孩子的视力和听力，是关系到孩子一生的大事，家长千万不能掉以轻心。

家长要带孩子到小学熟悉环境。家长可以领着孩子走走上学的路，观察一下哪条路离家最近，也最安全、好走。告诉孩子哪里将可能是他的教室；哪里是老师的办公室；哪是厕所；哪是水管。家长应该告诉孩子小学上午上4节课，每节课45分钟；下午两节课后放学；一年级学校要开设数学、语文、英语、自然、思想品德等有意思的课程……让孩子熟悉环境、了解学校情况的同时，做好"上学"的心理准备。

家长要陪孩子购买必需的学习用品。家长可以和孩子一起列一个单子，比如书包、铅笔盒、铅笔、橡皮、削笔器、作业本、水壶等。然后，选择适当的时间，和孩子一起购买，这样可以激发孩子上学的欲望和对上学的期盼。在购物的过程中，家长要尽量尊重孩子的意见，选择他们满意、喜欢而又实用的文具。

家长要交给孩子一些基本的人际交往方法。现在的孩子都是独生子女，普遍比较霸道、任性、自私，不知道礼让别人。家长要教育孩子克服自身的毛病，对老师、同学要热情、真诚、有礼貌，主动帮助老师、同学干一些力所能及的事情，要关心班集体，积极值日等。

和孩子一起制订学习和作息计划。以前上幼儿园时，孩子晚睡会儿或者多看会儿电视，很多家长认为这没有什么，反正孩子还小。但是一旦上学，就应该养成良好的学习习惯和作息习惯。因此，要规定好孩子写作业、睡觉、看电视、起床等的具体时间，并严格执行。

另外，父母问起孩子学校的事情时，尽量从正面问问题，可以问："今天有没有玩得很开心？""今天在学校有什么开心的事可以和我分享的？"而不是回来便问："今天有没有被人欺负？""老师要你写什么功课？"

相关链接

秋天到了，学校都敞开了大门，适龄孩子的妈妈们第一次送孩子上

学啦。面对进入新天地的孩子，妈妈们要帮他们适应新的生活，而那些"过来"的妈妈们也有些心得和经验，看看这些妈妈们是怎么面对孩子的第一次吧。

❋竹子的妈妈——改变孩子生活节奏

竹子的妈妈说，孩子上幼儿园时是比较松散的，而小学的生活则比较有规律。因此在假期的时候，竹子妈妈就开始改变孩子的生活节奏了。她给竹子制订了学习和作息计划，规定了起床、吃饭、看书、学习、玩耍、睡觉的具体时间，并且严格执行。竹子的妈妈还给竹子布置了一个学习的小天地，每天在一定的时间内，她必须坐在那里安安静静地看书、模拟做功课，先是每次20分钟，后加到40分钟，使她渐渐养成良好的学习习惯和作息习惯，能够很快适应小学生活。妈妈还让竹子记住家里的地址和电话号码。

❋川川的妈妈——仅有装备是不够的

川川是去年上小学的。川川的妈妈说，她有一个教训，就是不能只顾装备，不教使用。川川入学前，妈妈给他买了许多学习用品，有书包、文具盒、铅笔、画笔、橡皮、削笔刀、尺子、作业本、水壶等，但没有告诉孩子使用和整理的方法。结果川川把用品弄得乱七八糟，什么

都找不着。川川妈妈说，这些东西买回来后，应该告诉孩子它们的名称、用途，并且教会孩子如何使用它们。同时，还要训练他们整理书包和学习用品，这样用时方便，也能养成好的习惯。

◈津津的妈妈——让他热爱学校

津津的妈妈说，津津性格内向，说到上学校就恐惧和抵触。津津妈妈从一个月前就开始诱导他，跟他讲发生在学校里的有趣故事，告诉他学校里能够认识好多新朋友，老师会教好多本领，还能做一些很好玩的游戏。她还带津津到学校去参观，让他看里面的设施、玩具和图书，并特意让他认识了几个将来的老师。这样，津津觉得学校不再陌生了，还觉得那是个挺可爱的地方。

说谎是件好玩的事

——孩子学会说谎话了

为了考察女儿是否诚实，妈妈明知甜甜把玩具弄坏藏了起来，还故意问道："你的玩具呢？"甜甜编谎话说借给别的小朋友了，这让妈妈大伤脑筋，觉得自己实在是失败的母亲。从这之后，妈妈发现甜甜越来越爱说谎话。一次，妈妈无意中听见甜甜跟其他小朋友吹牛说："我爸爸带我去了恐龙乐园，里面可好玩了。"还有一次，甜甜说班里的同学欺负她，妈妈急急忙忙找老师了解情况，结果是子虚乌有。

孩子为什么会这样？

甜甜的妈妈在日常生活中给孩子规定了许多"不准"、"不许"，却不能保证孩子正直诚实，难道教子真的那么失败吗？不要这么快就否认自己的业绩，虽然说谎在大人们看来是不可原谅的错误，但对孩子来说，大人眼中的说谎只是她"说的真话还没变成现实"而已。

国外心理学家专门做过试验，孩子到 2 岁半~3 岁时，就会讲十分完整的谎言了。大人没有教过他，孩子迟早也会学会撒谎，这并不说明孩子的品行有什么问题，只能说明孩子会审时度势。

从以上故事我们可看出，孩子说谎的第一个原因是趋利避害的需要。妈妈问玩具哪去了，甜甜为了自卫，编了一个谎话以期望躲过妈妈的指责。

至于甜甜说自己去过恐龙乐园、同学欺负她，其实并非是以糊弄人为乐。孩子常会混淆现实和幻想，把自己想像或希望发生的事情说成是

真的。她会很认真、很真诚地说一些听起来非常离谱的事，甚至会跟你说哈利·波特到过她家，向她请教怎样战胜神秘人的故事。

除了以上谈及的原因之外，孩子说谎还有一种可能是因为受到大人忽略而故意向你挑衅，或是为了发泄坏情绪，要不就是恶作剧，试试自己的能力。如果他编的瞎话竟然有人相信，对他来说也是一种成功。总而言之，小"撒谎精"可能是大"心理学家"，孩子撒谎后面隐藏着各种动机。

父母该怎么办？

对于孩子的"谎言"，家长需要做的是：

不要恶言伤人。切忌用"那么小就骗人，长大必然学坏"、"你在说谎"、"你骗人"这些糟透了的语言，使孩子幼小的心灵受到伤害。"我是骗子"的想法会让孩子因此而产生自卑心理。家长最好不要理会孩子的谎言，随着孩子年龄的增长和吸取的知识，孩子的谎言会自动消失。

家长要对孩子言而有信，说到做到，起表率作用。家长千万不要欺骗孩子，并注意对孩子的诚信教育，多给孩子讲一些诚信方面的故事，强调做人要做诚实的人。

防微杜渐。在孩子逐渐长大的过程中，在他明白一些道理的时候，如出现说谎的事情，要严肃批评，决不姑息。注意不要当着外人批评，一定要他认错为止。

相关链接

各年龄段孩子说谎的特点：
❀**2～3岁的孩子说谎的特点**

"说谎"在3岁以下的孩子眼中是一种极为常见的现象。这时的孩子基本上不能分辨出自己是在说谎还是在说实话。孩子的那些无伤大雅的谎

言可能源于活跃的想象力、健忘等原因。

❋3~4岁的孩子说谎的特点

这时的孩子，说话时会不加思索地脱口而出，讲不符合实际的假话。这些多半是孩子为了实现某些愿望所致。当孩子初次说假话时，父母教育后一般就不会再说谎了，但如果处理不当也会引起孩子继续说假话。

❖4~6岁的孩子说谎的特点

这个时期的孩子因害怕受罚而试图欺骗，谎话成了保护伞。父母与其对孩子发怒，还不如利用这个极恰当的机会跟孩子一起讨论撒谎行为及由此引起的后果。这是帮助孩子分辨真实和想像的最佳时期，比较容易养成诚实的好习惯，并将影响他的一生。

❖6~12岁的孩子说谎的特点

6~12岁是个"理智的年龄"，孩子在智力方面取得了突飞猛进的进步。他的最大发现是：大人们在觉察方面的缺陷，懂得了诺言的用途。他们一味地说谎有时是为了好玩、吹牛、避免报复等，但更多的是为了应付进入少年时期的压力：考试成功，做个好学生……只要达到父母的要求，不让他们难受，与他们期待已久的形象相符，一切都在所不惜。这时，父母可以告诉孩子谁也不会相信他的自吹自擂，学习成绩是客观事实。父母要做的是和孩子一起找到他想掩盖的创伤并设法医治。

大家都不跟我玩

——教孩子学会交朋友

妮娜是一个文静的乖孩子，一向都比较胆小，不爱在陌生人面前说话。因为爸爸的工作调动，妮娜全家搬到了另外一个城市，而妮娜也转学到了一个新的学校。每次妮娜放学回家后，妈妈总是很关心地问妮娜在学校的情况，可是每次妮娜都是摇摇头就进房间学习了。

妈妈没有办法，只好打电话给妮娜的班主任。老师说："妮娜上课特别认真听讲，学习也特别优异，就是下课的时候总是孤单的一个人，几乎没有什么朋友……"

妮娜的妈妈听到老师的话后，决定要改变妮娜现在的状况，帮助妮娜交到新朋友。

孩子为什么会这样？

孩子交不到朋友，有很多原因，比如：

有的孩子总以自我为中心，喜欢自我表现，爱捣乱、爱逞能、总想指挥别人，这样就会引起别的孩子对他产生厌恶，不爱跟他交朋友。

有的孩子性格内向，不善于主动结识别人，因此朋友很少，甚至没有朋友。

有的孩子攻击性太强，老是欺侮别的孩子，这样的孩子也不会交到朋友。

有的孩子独立意识过强，认为靠自己的个人力量足以处理好一切事务，不需要他人的友谊和帮助，这类孩子也很少能交到朋友。

还有少数孩子对友谊持怀疑态度，怀疑朋友之间不会有真正的友情，不信任朋友，因此，他们自己也没朋友。

✠ ✠ ✠ ✠ ✠

对于许多人来说，一生中最温暖、最持久的友谊是在童年时代建立的。许多孩子都会找到一个或几个与自己同悲同乐、共度童年的小伴。有些孩子交友有困难，只要给予适当的指点和帮助，就会改变状况。

父母该怎么办？

父母可以从以下几方面进行引导：

首先，弄清楚孩子交不到朋友的原因。孩子为什么交不到朋友，是因为太胆小？太霸道？还是对人没礼貌？或者是在设法躲避？了解了孩子交不到朋友的真正原因，才能对症下药帮助孩子交到朋友。比如，如果是因为孩子害羞、性格内向等原因造成的，那么家长可以用一些具体的方法来帮助孩子改变，比如创造机会让孩子与陌生人交往，也可以让孩子试着接待客人，或是让孩子到附近的超市买点东西，并且要尽可能在孩子小的时候就开始这么做，这样，在逐渐的训练中，孩子才能学会与人交往，才能主动地与人交往，也为往后获得友谊打下基础。

其次，要鼓励孩子多去发现别人的优点和长处，向别人学习。这对于那些喜欢动辄指责同伴而不容易交到朋友的孩子来说很重要。要鼓励孩子包容别人，并且要引导孩子多站在别人的角度设身处地为对方着想，较好地理解身边的人，避免用过于挑剔的眼光评价朋友。这样，孩子就会成为一个善解人意的"朋友"，同时他也能获得朋友。

同时，还要注意培养孩子的爱心。爱是人情感的表现，是一种高尚的道德情操。在社会生活中，具有爱心的人才能获得良好的人际关系，因此家长要从小培养孩子高尚的情操，学会如何去爱。从爱自己、爱家庭、爱别人开始，通过具体的行动来培养，使孩子逐步体验到人类最宝贵的感情——爱，进而学会如何去爱。有了爱心的孩子就更容易赢得朋友的爱心和友谊。

除此之外，也可以教授孩子一些与人交往的技巧，这样有助于帮助孩子获得友谊。除了具体的言传身教之外，家长还可以引导孩子阅读一些有关基本沟通技巧方面的书籍和文章，或是鼓励他主动向同学请教问题，参与同学们的聊天，等等。

相关链接

虽然父母不能控制孩子的全部社交活动，但以下方法可以鼓励和帮助孩子交友。

❀多和伙伴接触

教育专家们说："父母们常犯的一个共同错误是总认为孩子会自然而然地找到自己的朋友。"心理学家托马斯·伯恩特指出："一个孩子只有经常和朋友们在一起，才能增进友谊。因此，父母要为孩子交友牵线搭桥。"

❀给孩子足够的选择余地

孩子需要大人的指导，也需要自己决定一些事。比如，父母常常为

孩子的穿着和发型烦心，但专家们说，只要不出格，最好让孩子们自己去体验。给孩子选择余地的另一个方面是挑选朋友。尽管父母希望孩子交朋友，但决不愿意他们交错朋友。除非孩子遇到危险，最好是让孩子自己分辨哪种友谊要得，哪种友谊要不得。

❖尊重孩子间的差异

孩子的社会需求是不同的，了解这点很重要。比如，并不是每个孩子都需要很多朋友，数量不等于质量。对有些孩子来说，一两个朋友就足够了。

❖培养广泛的兴趣，增强自信心

如果你不会游泳，你就不会被邀去游泳；如果你不会跳舞，你就不会被邀去参加舞会。但孩子在某些方面有特长，就有了自信心，并为他们结识新朋友提供了机会。心理学家托马斯·伯恩特说："友谊建立在共同兴趣的基础上。如果你的孩子朋友不多，那么就培养他们的广泛兴趣。这样，在参加共同的活动中可以建立朋友之间的友谊。"父母要帮助孩子在参加的各种活动中发现自己的兴趣。

◆为孩子做出榜样

记住别人的生日并安排和朋友聚会的父母，以自己的言行告诉他们的孩子如何和朋友建立友谊，孩子会从父母和朋友的交往中学到很多东西。在西方国家的许多家庭中，倾听别人意见、关心别人是作为家训世代相传的。例如，班姆设法把父亲对待友谊的美德传给他13岁的儿子詹姆斯。班姆说："最要紧的，我希望他尊重和同情别人。我父亲就是这样和别人友好相处的。"没有比友谊更贵重的礼物。在充满爱心、耐心和温情的指教下，父母能使孩子们接受并学会这些方法。

妈妈，他们叫我"猴子"

——爱给同学起绰号

新学年开学后，同学们从四面八方汇集在一起，虽然他们相互之间大多不认识，但没几天大家就混熟了，有的同学还给别人起了绰号。哪曾想，就因为起绰号，小童与大林闹出矛盾，两人还动了手。

小童个子不高但头显得大，很像一部热播卡通片里的一个搞笑人物，于是大林就把这个人物的名字加到了小童身上，当时他一喊，大伙都觉得特像，于是哄堂大笑。小童当然一副窘态，心里暗暗恨起大林。

时间一天天过去了，小童的绰号也被大伙一天天地叫着，表面上看小童也没有特别不满，哪知道他心中正积攒着愤怒。有一天上午，小童因为作业问题挨了老师批评，心里正窝着火。中午吃饭时，大林又喊小童的绰号，把食堂里其他班的同学也逗乐了，小童一怒之下把手里的饭碗砸向大林，两人在食堂厮扯起来。要不是老师及时制止，说不定会闹出多大乱子。

孩子为什么会这样？

爱给别人起"绰号"，这是孩子的特点。其实大人有时也用"绰号"这种方式来表达自己对别人的赞美、敬佩或者厌恶、愤恨、轻蔑等思想感情。心理学表明，孩子好奇心强，思想幼稚，爱好模仿，道德观念薄弱，给别人起这种绰号，一是对别人不尊重，二是拿别人的某些生理和

心理特征来取笑逗乐，是轻视人的不道德行为。

✄ ✄ ✄ ✄ ✄

孩子小不更事，喜欢利用一些形象的绰号来称呼身边的同伴，往往出于以下几个心理：

模仿心理。孩子的好奇心和模仿力都特别强。有些绰号的产生就是迁移的结果。随着电视媒体的不断丰富，网络技术的迅速普及，孩子每天都要接触到大量的信息。他们在上网时，看到网虫用网名在聊天室里聊天、在论坛中发帖、利用 BBS 发布公告等，觉得十分好奇，他们就模仿这些网名给自己取一个别名，有的网名也就成了自己的绰号。有的在影视剧中看到主人公有别称认为很有趣，于是也模仿给其他人取一个。

在课外阅读中，有的同学看到书中的英雄人物有自己的绰号，如"豹子头"、"黑旋风"等认为很时尚；还有的看到成年人之间也有取绰号逗乐的。这些现象都影响着孩子，他们耳闻目睹了这些情形，于是在群体之间也模仿叫起了绰号。

逗笑心理。几个比较要好的孩子经常在一起学习、活动、玩耍，彼此之间建立了比较亲密的感情。孩子们为了使伙伴之间的交往更有趣，便会在课余玩耍之时选择部分对象进行调侃戏谑。

报复心理。有些孩子随意给别人取绰号，有的孩子则喜欢叫人家的绰号，拿别人开心。被叫的孩子心里很不舒服，有的甚至认为是一种羞辱。于是，被叫的孩子便"以其人之道，还治其人之身"。经过一番冥思苦想，找到一个既符合对方特征又略带幽默的词语公布于众，让那些深受绰号之害的孩子拥护赞成。

父母该怎么办？

引导孩子正确认识。除去孩子爱起绰号的毛病的关键在于，家长要正确认识这一现象，通过积极引导，培养孩子良好的心态。当班级中有人给孩子起了绰号之后，要教育孩子正确对待，不必为此事而烦恼，更

不能因为此事而和同学闹别扭。应当告诉孩子他和同学之间因为彼此亲密友好，所以同学才给他起绰号，而并不是出于恶意的，同时也要告诫孩子不要给同学起绰号。

要孩子设身处地去感受。当父母知道自己的孩子给其他同学起绰号的时候，不要只顾着责骂孩子而忽视了孩子的心理感受，要体谅孩子。其实孩子给同学起绰号也是似懂非懂。父母应该告诉孩子不喜欢他的这种行为，因为这样孩子虽然得到了一时之快，但却没有想到对方有多难受，特别是取笑别人身体特征的事情，简直是无聊透顶的事情。父母可要求孩子设身处地地想一想，如果被取笑的对象是自己或自己的一些短处的时候，自己会有什么感想，从而慢慢培养起孩子对其他人的同情心。

启发孩子学会沉默。沉默是消除绰号的重要方法。当自己有了绰号之后，面对别人的调笑不加任何表示，以沉默的方式对待这一情形。这既可以让叫绰号的人自感没趣，又能显示自己的大度与宽容。同伴既然从绰号中不能享受快乐、满足虚荣心，久而久之，他们就会自动放弃叫别人的绰号。运用这一方式，在消除绰号的过程中还培养了自己乐观的心境和自控能力。

相关链接

绰号会鼓励孩子按照一个想象生活，它也会使别人接受这个想象，无论它是不是真实的。因此，父母不要随便给孩子起绰号。例如：像"狮子"、"健将"一类的绰号会使一个孩子积极进取；"×××小捣蛋"听起来像夸奖，这个孩子会出于良好的意图愉快地做一个捣蛋鬼。患疝气痛的小孩子可能被称为"疯子"。之后，当他每次痛哭时，母亲会离开他的房间，他有可能被称做"麻烦"。当他确实因为疼痛和害怕大哭大闹时，他的父母可能相信他就是一个麻烦的孩子！一旦他们给他起了绰号"麻烦"，他们可能甚至不愿弄明白他哭闹的原因。而且一旦叫他

"麻烦"，他们可能忘记去注意帮助他、与他合作的任何途径。"懒骨头"、"小可怜"、"倔骡子"、"心不在焉的东西"、"忘恩负义的家伙"等等，这些绰号会伤害人，并鼓励孩子朝这方面的行为发展，制约他的成功。

甚至父母为了好玩而起的绰号也会产生严重的后果，它会限制了孩子和你。你可能不会希望"超级骑手"喜欢阅读，所以你可能没有给孩子提供喜爱读书的机会。他环顾一周，认为骑手不读书，于是决定他不想读书，或者他可能想读书但是觉得"不应该"。诸如"小爱因斯坦"或"家庭运动员"的绰号会阻止孩子探索其他兴趣。

注意你给孩子起的绰号。如果它们是贬义的，抛弃它们；如果它们是褒义的，另想十几个绰号，让他知道你是称赞他的，而不是他必须按照一种特殊的角色生活。不要给孩子的信仰起绰号，把它们贬低为愚蠢的、不成熟的、可笑的、不现实的或错误的，这会使孩子怀疑自己，不再与你分享自己的想法。

学别人说脏话

——及时纠正孩子说脏话

　　小学三年级开学的第一天，小刚特别不情愿早起。就在妈妈牵拽着劝扶他起床时，小刚突然大喊一声："×××，我不想起来，就是不想起！"一时间，妈妈呆住了。她百思不得其解：家里从来没人说过粗话，更别说这种带黄色字眼的话了。儿子是跟谁学的？该拿他怎么办？

孩子为什么会这样？

　　10岁左右的孩子对性的概念懵懵懂懂，粗话对他们来说更像一种发泄情绪的符号，他们并不明白其代表的确切含义。

　　有统计显示，目前在中小学生中，说粗话的现象相当普遍。这与学生从电视、网络、杂志等多个途径接触成人世界有关。由于孩子辨别是非的能力有限，所以不少人错误地认为，说粗话就比别人威风、厉害，能一句话将对方噎得无言以对，是有本事的表现。于是，孩子听见一个词后，尽管并不了解其意思，也盲目模仿。

✠　✠　✠　✠　✠

　　面对孩子第一次说脏话，家长们通常表现得相当惊愕，而后严加指责，认为孩子"不学好、小流氓"，还不停追问孩子是从哪里学的。这样反而会起到强化作用。

父母该怎么办？

说粗话是一种不文明的行为，是缺乏教育的表现，它直接影响到人与人之间的交往。这种不文明的行为发生在孩子身上，不外乎有以下几种情况：

学着说粗话。没有是非观念，是儿童的特点。别人骂，我也跟着骂，这是孩子学骂人的一种普通心理。作为父母，要分清孩子是跟谁学的，然后进行有针对性的教育。

被迫骂人。这种情况一般发生在小伙伴之间：因为两人发生了矛盾，以牙还牙，结果受了欺负，只好借骂人来发泄自己的不满……这时，父母千万不能劈头盖脸地训斥一通，或袒护自己的孩子，而要耐心地进行说服教育，教孩子用谦让的态度来解决小伙伴之间的纠纷，并应明确表态。孩子怕失去父母的爱、怕失去小伙伴的心理，会促使孩子改掉自己的不良言行。

习惯骂人。"冰冻三尺，非一日之寒。"出口成"脏"的孩子虽为数不多，但影响不好。对这样的孩子，应采用暂时的冷漠，不理睬他，用不高兴的脸色、严厉的语调等来对待，这些都会帮助孩子明辨是非，抑制、减少他的不良行为，从而建立良好的行为规范。

相关链接

孩子刚学说话，好奇心强，有一种情不自禁的模仿本能，偶尔听见别人说一句脏话，他并不知道这句话的意思就跟着学了。父母切忌觉得挺好玩而故意引逗他或哄然大笑，这样会强化他的这种行为。应该告诉他："这句话是骂人的话，不好听，宝宝不学。"把不文明的行为消灭在萌芽状态中。

有的父母平时不太检点自己的言行，孩子受其影响，也学会了说粗话。这样的父母首先要提高自己的修养，严于律己，从头做起，为孩子

营造文明、礼貌的语言环境；其次，通过讲故事、做游戏等形式教孩子学习礼貌用语。如果父母偶尔再犯，那么就应该坦诚地跟孩子检讨："刚才是由于不高兴，说出了那句话，我们是不对的，你也不要学，今后我们谁都不说这种话了。"

总之，孩子生活在社会的大环境中，难免会受到各种不良言行的影响，说粗话也是如此。父母对此要采取一些相应的防范措施：一方面，要尽量让孩子避免接触周围不良的语言环境，让他们听不见脏话，学不到脏话；另一方面，又要增强孩子的"免疫"力，教孩子明辨是非，告诉他们，骂人、说粗话是不文雅的行为。

另外，父母要关注孩子周围小伙伴的情况，为孩子选择讲文明、懂礼貌的伙伴，以减少相互学骂人的机会。不良行为一旦成了习惯，克服它是要有一定的过程的，在帮助孩子纠正骂人的坏习惯时，也可以鼓励孩子通过努力改掉坏毛病。例如，可把"不骂人"列入"一天行为要求"中，如果孩子做到了，就一定要表扬，坚持下去，定会有成效。

妈妈，再让我睡一会儿

——孩子赖床怎么办

夏日的清晨，阳光洒在东东的被子上，窗外的小鸟也叽叽喳喳地叫了起来，可是东东都还蒙着被子在睡觉。

妈妈："东东，已经7点了，再不起床，上学就要迟到了！"

东东："知道了，我再睡一会儿。"

15分钟后，妈妈："东东，起床了没有？快点起来洗脸刷牙、吃早饭。"

东东："马上就起来了。"

7：30了，妈妈："你这孩子，怎么还睡觉？快给我起床，要不上学就真的迟到了。"

东东："起来了，真是的，让人多睡一会都不行。"

东东："妈妈，我上学要迟到了，你怎么不早点叫我啊，我不吃早饭了。"

孩子为什么会这样？

太阳已经晒到屁股了，孩子却仍"赖"在床上，任由爸爸、妈妈"火冒三丈"，就是不肯起床上学。这是在很多家里每天早晨常可见到的情景。面对家中孩子的赖床现象，父母首先应该了解是什么原因造成的。

❖ ❖ ❖ ❖ ❖

孩子赖床有以下四种原因：

睡眠不足。晚上睡得太晚，造成睡眠时间不足。通常2岁以上的孩子，每天所需要的睡眠时间为10～15小时。

午睡过久。若孩子午睡时间太久，或午觉的时间太接近傍晚，都会让孩子在晚间精力旺盛，到了休息时间还睡不着，于是间接造成晚睡、睡不饱的状况。

睡不安稳。有些孩子在睡觉的时候，会踢被子、翻来覆去或磨牙，这时家长要多留意孩子是否有情绪上的问题或身体不适，或是有其他环境因素干扰了孩子的睡眠质量。

恶梦干扰。孩子难免都会做恶梦，除了单纯做恶梦，很大原因是担心害怕、心理压力或身体不适。

父母该怎么办？

家长以身作则。有些家长在孩子就寝时间一到，就急着赶孩子上床睡觉，自己的眼睛却还猛盯着电视，或还在忙东忙西。其实父母这种做法会让孩子有"孤单"或"不公平"的感觉，而且孩子会有"为什么只有我要去睡觉"的疑问，加上孩子对成人的活动充满好奇心，当然也就降低了睡觉的意愿。因此，只要到了睡觉时间，全家人最好都能暂停进行中的活动，帮助孩子酝酿睡前的气氛。

午间小睡即可。孩子睡午觉时间不宜过长，也不要在接近傍晚的时候才让孩子睡午觉。如果让孩子在下午睡得太久或太晚午睡，孩子很容易在晚上变成精力旺盛的小魔鬼，等他精疲力尽入睡后，隔天早上势必又得花一番工夫才能把他叫起来，所以家长们不要让孩子午觉睡得太久。

安抚情绪。孩子有时会因为身体不适或情绪上的不稳定而影响睡眠质量。身体状况比较容易观察，所以父母要多留意的是情绪上的问题。有些孩子因为年纪还小，表达能力还不是很好，如果孩子在学校或生活中受到挫折，不懂得该如何表达，再加上父母没有多加留意，孩子的情绪也会间接影响到孩子的睡眠质量。如遇到类似的情形，适时地找时间

和孩子聊聊，就能找出问题的症结。

终结恶梦。 孩子做恶梦最常见的原因有"怕黑"跟"怕鬼"两种。"怕黑"是出自于人类对未知的恐惧，如果孩子因怕黑而不敢睡觉，甚至还因此做恶梦，不妨在孩子的房里添置一盏小台灯。市面上出售的台灯有许多可爱的造型，让孩子挑个他喜欢的卡通造型台灯，睡觉时有可爱的台灯散发着微弱光芒陪伴他，会让孩子感到安心不少。

此外，家长也可以在就寝前熄灯时，和孩子玩手影游戏。让孩子知道原来"暗暗的时候"，通过光线和手势的变化，影子可以呈现各种不同的面貌，这个好玩的游戏也可以有效降低孩子怕黑的心理。

每个家长应该都曾经从孩子的口中听过对鬼的可怕描述，如果家长没有适时去转化孩子的想像，反而给予更多充满刺激的形容，甚至当孩子不听话时，还用"不乖的话，鬼晚上会来抓你"之类的话来恐吓孩子，就容易加深孩子对"鬼"的想像和恐惧，再加上原本对黑暗的惧怕，做恶梦的机会就更高了。

因此在平时，家长不要去强调黑暗或魔鬼的可怕，孩子自然不会有恐惧的想像空间。

相关链接

家长在了解了孩子不愿意起床的原因后，也可以通过以下几个小方法来帮助孩子的睡眠。

✽ 提供卡通床上用品

让孩子去挑选自己喜欢的卡通床上用品，让他觉得睡觉时好像有很多好朋友在陪伴着他。

❖ 游戏区 & 睡眠区

在房间的布置上，游戏区域和睡觉的地方最好隔离开来，不要在床边放置过多的玩具，会很容引发孩子想玩的欲望。

❀孩子决定休息

和孩子讨论就寝、起床时间，也问问孩子喜欢父母用什么方式叫他起床。让孩子自己决定作息时间，可以让孩子知道该对自己的承诺负责；用孩子能接受的方式叫他起床，也可以降低彼此的不愉快。

◆可爱铃声助醒

帮孩子买一个闹钟，让他挑选自己喜欢的铃声，那么孩子早上听到闹钟响起的声音时，可以减少父母叫他的不悦感。

❀营造起床气氛

叫孩子起床的时候，随手播放一些轻松的音乐，或者放一些孩子喜欢听的 CD，让孩子在轻松的气氛中醒来，缓解被吵醒的不快。

❀睡前准备就绪

睡前要求孩子整理自己的书包，把明天该带的东西都准备好。如果天气寒冷，可以先把隔天要穿的内衣当成睡衣穿，起床后只要帮孩子套上毛衣、外套即可。这么做不但可以避免孩子在穿脱之间受凉，也可以减少起床后的准备时间。

❀理清先后顺序

父母起床后，先把自己的问题都处理好，再叫孩子起床。这样家长

就不用一边急着处理孩子上学前的准备，一边还要忙着整理自己上班前的琐事。在时间有限的情况下，只要家长一急躁，亲子之间就很容易会产生摩擦，所以先准备好自己的事或是以孩子优先，都可以为彼此节省不少时间。

❖提早发泄起床情绪

如果孩子起床时脾气很大，一被吵醒就会大哭大闹，而上述的任何方法都不管用时，家长只好提早叫孩子起床，先让他发泄一顿再说。在他哭闹的时候，家长不要责骂他，试着让他一个人宣泄情绪，等他闹够了，先安抚他，再去做出门前的准备工作。

◆亲子共同努力

要改善孩子赖床的问题，先给孩子一点缓冲时间，态度不要过于急躁，只要温柔坚定地去执行就可以了。除此之外，家长也要衡量每天出门前的预备时间够不够，如果是在时间很急促的情况下，就不要期待孩子愉快地醒来，而且，在要求孩子之前，家长也别忘了要跟孩子一起共同努力。

你管不着我

——调教爱顶嘴的孩子

丁丁上学后，妈妈轻松了不少，也逐渐忽略了对丁丁的管教。

一天，王阿姨上丁丁家做客，丁丁看到家里有客人来了还像往常一样坐在客厅里看电视。妈妈叫丁丁和王阿姨打个招呼，丁丁也没理睬妈妈的话，继续看电视。妈妈很生气要去教训丁丁，王阿姨笑着摆住了丁丁的妈妈。

就在妈妈去厨房拿水果的时候，王阿姨看着丁丁专心致志地看电视，说："丁丁，这么晚了还看电视，不赶快去睡觉啊？"

丁丁眼睛继续盯着电视机，说道："我看动画片呢，别烦我。"

妈妈听到了丁丁的话说："你这孩子怎么这么没礼貌，见了王阿姨也不打招呼。王阿姨问你话，你用什么态度回答？赶紧回屋睡觉去，明天还要上学呢！"

丁丁不乐意地说："我要看动画片，用不着你们管！"

孩子为什么会这样？

父母面对孩子突如其来的顶嘴，可能会一时没有反应过来，不知所措。对于孩子的顶嘴，父母首先不要责备孩子，而是应该静下心来，想一想孩子为什么顶嘴，尤其是不要当着其他人的面教训孩子，那样会遭到孩子更加激烈的顶嘴。

❖❖ ❖❖ ❖❖ ❖❖ ❖❖

对于孩子的顶嘴，家长一不要害怕，二要教育引导，三要注意方

式。这要先从家长自身做起。

父母该怎么办？

讲道理。孩子不愿意睡觉，常会说："我们班级有一个小朋友，晚上10点睡觉的。"你就要回答他："睡觉晚的孩子不容易长高哦。"即使孩子当时撅着嘴满不乐意地去睡了，但随着你在为他测身高时的夸奖："真棒，我们宝宝按时睡觉，长得真快！"他一定会逐渐认同，并乐意按时睡觉并答应你的其他要求。

行动前的心理准备。孩子常常会说"我不起床"、"我要玩，我不去学钢琴"，常搞得你有些恼火。家长可以在改变孩子所在进行的活动之前，给他一定的心理准备——"现在6点半了，再过5分钟就起床了哦"、"我们再玩10分钟，一会去练琴"。

孩子也需要对自己的生活有所准备、有所控制。提前给孩子一个预告，让他有个准备，也会有效地避免孩子的一些顶嘴行为。

用明确的目标来激励他。孩子最理直气壮的顶嘴常是"妈妈也不爱吃青菜"、"你们小时候也不学钢琴"。这常常令家长非常尴尬。但你可以使用激励的方法，如："宝宝长大不是想做飞行员么？飞行员必须身体棒棒的，一定要吃青菜的"，"你不是喜欢姐姐在台上弹钢琴的样子么，姐姐也是通过不断练习的啊"等。

检查自己的习惯。言传身教永远是最好的方法。你可曾想过，孩子的不良行为也有可能源自于你。"爸爸、妈妈一点也不好！"这样的话常让父母感觉最受伤，最委屈。那么，你不妨想想，你是否曾对孩子说过："你不是个好孩子，妈妈不要你了。"之类的话呢？孩子是通过自己的感受知道了这句话的杀伤力有多强。如果孩子经常把类似的话挂在嘴边，做父母的则应该好好检查一下自己平时的语言习惯。

让孩子看到自己不良意愿所产生的后果。孩子有时非常固执，在不会造成严重后果的情况下，你可以通过事实而不是言语来教育他。比如，他非要穿一件漂亮却不适合季节的外衣，并且嘴里一个劲地反复说："我就要！我就要！"这时父母可以先让他这样做。当他在室外觉得寒冷时再给他披上一件厚外套。家长切忌摆出胜利者的姿态，说："看看，谁叫你不听我的话！"教育孩子的同时也要记得保护他的自尊心。

反省自己与孩子的关系。有时你在孩子的顶嘴中隐隐感到了他对你的敌意，甚至是轻蔑！你也许会听到这样的话："爸爸最没用了，说话不算数！"这时，你便应该好好反省一下，你对孩子的关心是否太少？留给他的时间是不是太少了？什么事让他感到委屈了？孩子真心爱父母，像父母真心爱孩子一样是本能。孩子一时的顶嘴有时只是在表达他受到了伤害。

不要忽视自己在孩子心中的威信。在回应孩子顶嘴的时候慎用"爸爸、妈妈是改不过来了，希望你……"这也许是实话，但却降低了父母的威信，不利于今后对孩子的教育。我们也曾是子女，子女们理想中的父母永远是爱自己、并且充满力量的。特别在孩子小的时候，请少用这样的言语。

相关链接

孩子在其成长的人生历程中，会出现两个比较明显的反抗期：2～3岁是第一个反抗期，到了青春期前后又会有一个较大的反抗期，这是自然规律。一般而言，处在这两个比较明显的反抗期的孩子会不太爱听话和比较逆反。

❀幼儿反抗期

孩子在2～3岁时，便步入了第一个"否定的年龄段"。该年龄段的孩子对其周围世界有了一个新的不同看法，他的独立欲望明显增强，开始意识到自己的存在，开始感觉到自己与别人不是一体的，自己能走、能说、能够独自处理自己范围以内的事情，不愿处处被人压制，不再满足于模仿成人，要求独立思考、独立行动。

这时的孩子在大人看来往往是不听指挥的，喜欢自行其事。其实，

这恰恰是孩子"自我意识"的外在表现，他这样做的目的是为了显示他自己的能力，为了让人们意识到他的存在。比如，以往父母说："孩子，现在洗澡好吗?"以前高兴答应的孩子，这时可能回答"不"。父母对这个时期的孩子应采取新的办法，照顾过多、干涉过多，都会使孩子特别反感。家长要学会稳定孩子的情绪，不要强迫孩子乖乖地言听计从，对于孩子提出的合理要求应当予以满足。

❋青春反抗期

大约到了小学高年级和中学阶段，孩子开始进入比较逆反的青春期。这时的孩子已不再满足单纯被教育的角色，自我意识和独立性逐步增强，不喜欢被动地接受父母或大人的吩咐和安排，遇事愿意自己独立思考和判断。虽然客观上他们的行为还未脱稚气，但在主观上孩子已经感到自己是一个"大人"了，他追求的是大人的成熟和风度。

对于处于青春发育期的孩子，家长应接受孩子的这种变化，这是孩子长大、走向成熟的正常现象。既然孩子大了，就不应再用管教小学生的方式对待他;家长要学会尊重孩子的选择和决定，孩子有自己的看法和主张，正是走向成熟的表现，不必为此担心，不能利用父母的权威压制孩子的"反叛";家长还应当尊重孩子的发言权，应平等对待孩子，耐心听孩子表达自己意见;家长在适当的时候可以让孩子发泄一下，孩子"顶嘴"也是一种情绪释放和调节的方式，过分压抑容易导致心理障碍。

我不想上钢琴课

——孩子也有自己的想法

假期又到了，为了让婷婷不被其他的孩子比下去，婷婷的妈妈帮婷婷报了五六个才艺班和学习班。上午婷婷去参加钢琴班，中午休息后又去了书法班，到了晚上，婷婷还要去练习芭蕾舞。就这样，在暑假里，婷婷像一只陀螺一样不停地穿梭在各个才艺班里。

一天下着大雨，婷婷还要起早去上钢琴课，可是任凭妈妈怎么督促婷婷起床，婷婷就是一味地赖在床上不起来。妈妈不知道一向乖巧的婷婷为什么会这样不听话。婷婷却对妈妈说她不想参加什么才艺班了，而是想过一个真正的暑假，想和其他小伙伴一起去海边拾贝壳。

孩子为什么会这样？

一到假期，几乎所有的家长都奔波于孩子的各种活动场所，有的孩子甚至一周内参加两三样活动，家长送得辛苦，孩子学得也累。其实家长苦点儿、累点儿倒也没什么，关键是这些活动孩子本身是否愿意参加？做家长的是否设身处地地体会过孩子的感受？孩子是否因为多参加了课外活动就感到了快乐？

多数家长认为："孩子懂什么，大人不给他们安排课外活动，他们就把时间全浪费掉了。现在生活水平提高了，社会也提供了丰富的平台，我们为什么不利用现有的好条件让孩子多学点东西呢？"听起来，似乎让孩子多参加一些课外学习和活动是家长应该做的，也是必须做

的，而且孩子在学习活动的同时也会感到快乐。殊不知，如果孩子的课余时间被那些并非是他愿意参加的各种活动所占满，而且孩子为应付各种活动而在精神上感受到压力和紧张的话，快乐又从何谈起呢？

许多父母都抱怨自己的孩子不听话，不懂父母的心，但是父母却从来不考虑孩子自己的意见，总是替孩子做主，帮孩子选择。对孩子也只是机械地进行命令，和孩子之间缺乏彼此的相互尊重，缺乏商量和探讨，而是给一些要求，让孩子去接受与服从。

这样，渐渐的，孩子就较难教育了。每一个人都渴望得到尊重，孩子也是如此。爱默生曾说过："教育最大的成功在于尊重孩子！"在父母教育孩子时，给孩子一定的尊重就是他健康成长的保证。

❖　❖　❖　❖　❖

每个孩子都有自己的想法，他们希望父母尊重自己的意见。每个孩子都有一颗敏感的心，父母对孩子的态度无论是写在脸上，还是"憋"在心里，孩子都能感受得到，孩子就是在受到尊重中学会尊重别人的。

父母该怎么办？

父母应该尊重孩子的个性发展。孩子是活生生的人，他不是父母的附属物，他遇事有自己的想法。孩子的意见是他逐渐成长的表现和标志，应该予以尊重、理解和鼓励。例如，孩子主张要穿什么样的衣服，这说明他已有自己的审美观点和情趣，只要不是太出格，就让他去穿，父母不宜用自己的标尺来控制和干涉。否则，长此以往，孩子会认为他的想法总是被大人们忽视，而为了证明自己的存在，为了引起父母的注意和重视，他可能会变得越发倔强叛逆，不愿与父母交流沟通。

寻找机会与孩子进行平等交流，而不是选择指责式的"唠叨"。尽管父母有教育子女的权力，但权力不是等级。孩子渴望受到尊重和理解，父母只有放下长者的架子，蹲下身来，与孩子进行平等、耐心的交流和对话，倾听孩子的心声，使孩子感觉与你没有距离感，才能在最大

程度上使自己的意见被孩子理解和接受。

否则，若你一味地苛求、指责，不容倾诉和申辩，孩子就会离你越来越远，言语会越来越少。这并非说明他不想谈，而是不愿谈，因为在他的内心深处，不说比说更好，说出自己的观点后只会引来无休无止的"唠叨"。只要你能够耐心倾听并读懂孩子内心中各种各样的询问，孩子才会更加尊重你的引导，并在此基础上，走向更加宽广的未来。否则，家庭互动形态就会比较僵化、缺少弹性，也就缺乏问题解决的技巧和方法，孩子就有可能与你背道而驰。

学习一些儿童心理学、教育学知识。孩子在每个成长阶段都有不同的特点，需要细心关注。父母要在心理学、教育学知识基础上，适时对孩子采取合乎其年龄特点的教育方式，并对孩子成长中出现的问题进行理性的思考，从而少走一些弯路，令孩子成长得更加健康。在这个以知识为主轴的时代，凡事讲求专业，做父母的不能只凭常识或过去父母教授的那套经验教育子女，而需要对如何当父母的理论知识，即所谓父母学多一些了解。

美国著名的心理疗法专家詹姆斯·温德尔认为："8岁是孩子敏感的年龄。他关心别人对自己的感觉，他的感情容易受到伤害……这一年龄的显著特点是孩子开始倾向于自立。"

一般父母习惯站在自己的角度对孩子的行为做出评价，约束孩子的选择。若是长此以往，父母会很累，因为孩子会渐渐地丧失自我决定与负责任的能力。今天社会变迁迅速，孩子将来要面临多种选择和决定，能力的缺乏只会带来恐惧、紧张。台湾心理学家黄月霞认为："儿童有这方面的训练，在面对心理压力前，将会有较少的焦虑和恐惧，较能想出种种答案。"

"问题解决技巧在日常生活也同样重要。人生永远离不开问题，如果能不为问题所屈服，问题会使生活更有趣。如果我们知道如何去解决问题，问题反而成为令人兴奋的假想敌人。真正快乐的人并非是没有问题的人，而是知道如何去解决问题的人。"

相关链接

不少孩子有这样的看法："每当我和爸爸的意见不一致时，他都以势压人，不让我说话，有的批评得过且过根本不是那么回事。"家长不允许孩子发表自己的意见，也不调查问题的来龙去脉，而是一味地大发脾气，严格地说，这种做法是违背教育宗旨的。

有位心理学家说过："父母和子女发生矛盾，是在所难免的。作为长者，应该让孩子把意见申述完，要耐心地倾听。如果不等孩子讲完话，家长就主观臆断地下结论，必然会带来一系列的消极后果，其中，孩子的逆反心理将会表现得十分强烈。"每个人都盼望别人尊重自己，孩子也不例外。父母只有尊重孩子，所说的话才会发生效应，何况在许多争论中，孩子往往是站在真理一边的。

儿童由于身体、智力发育的不成熟，有许多不同于成人的特点，所以，比成人更需要理解。可有些家长忽视了儿童的这些特点，常常不自觉地用成人的行为标准要求孩子，其结果往往对孩子造成伤害。

家长正确理解孩子的关键是要注意儿童的心理特征和理解能力低的特点。例如，我们常常可以看到，孩子把新玩具能拆开的地方都给拆开，他想知道里面的秘密，这正是儿童的好奇心所致。好奇心是儿童获取知识的内在动力，家长对此应正确理解，不要简单粗暴地制止孩子。再如，儿童由于理解能力低，常常不能理解家长的教导。家长用反语说："你就这样做吧！""你就淘气吧！"可孩子不理解大人语气变化的涵义，误以为是一种鼓励。因此，家长对不同年龄段的孩子说话或教导时应考虑孩子理解能力。没有对孩子真正理解的爱是一种盲目的爱，只有理解孩子才能更好地爱护孩子、教育孩子。

我想看看里面是什么东西

——孩子爱拆东西

川川的妈妈刚给川川买了个电动小汽车，可没过两天都发现已经被他给拆成一堆零件了；洋娃娃本来穿着漂亮的裙子，川川都把它给脱了，胳膊也扭了；甚至你会看见他把镜子打破了，都努力地用胶水粘，想让它"破镜重圆"……

孩子为什么会这样？

比如，很多孩子喜欢把玩具汽车拆开，去看里面到底是什么、车子为什么会动，等等，总是沉浸在自己喜欢的事物里面，并努力通过自己的双手去寻找答案。

面对孩子的"破坏"，你会怎样处理呢？生气、呵斥孩子再也不许拆东西，还是帮孩子一起完成他的"杰作"呢？

❈ ❈ ❈ ❈ ❈

幼教专家提醒家长，千万不要粗暴地干涉孩子的探索欲，这样的"破坏性"其实是值得鼓励的。孩子把自己感兴趣的东西拆开，是孩子学习、探索的一种表现，他们不是故意去破坏一个东西，而是因为对这个东西感兴趣，想看看究竟是怎么一回事。

父母该怎么办？

对于孩子的"破坏"行为，家长要对孩子有宽容的心态，因为破坏的过程也是个学习的过程。对于孩子这样的"破坏"，家长要对其有宽

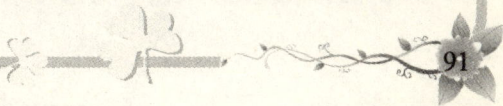

容的心态，因为"破坏"的过程就是一个学习的过程，不要严厉地批评孩子，也千万不要说"不许再把玩具拆了，不然下次就不给你买了"等这样警告和威胁的话，因为家长的批评和威胁很可能会扼杀孩子可贵的探索精神。家长可以尽可能地鼓励并且参与进来，因为孩子"破坏"的过程，是一个手、眼都在活动的过程，能够促进他们思维的发展。鼓励孩子适当地"破坏"，就是在鼓励孩子的创造力以及对更多事物的探索兴趣。当家长看见孩子把机器人拆了，应该蹲下来参与到孩子的活动中。"机器人里面是什么啊，怎么会动的啦？"……引导、帮助他们一起寻找结果，然后再跟孩子一起把拆开的玩具恢复原样。这样才能让孩子在破坏——探究——重建中获得心理的满足。

家长们在鼓励孩子"破坏"的行为之余，还要有意识地创造条件，引导孩子思考。 在日常生活中，家长要多提些问题让他们去猜、去想。比如，闹钟滴滴答答地走，家长可以问，闹钟为什么会响，为什么会走呢？皮球为什么一拍就跳很高，如果把气放了，还能跳那么高吗？要在问题提出后，主动带领他们从"破坏"中寻找答案。

相关链接

7岁的小男孩健健喜欢拆东西玩，从积木玩具、电动小汽车到爸爸用坏的照相机都成了他的"实验对象"。不过，健健可不是只会搞破坏，一些简单的小玩意拆开后他还能再装回去。

父母对健健的爱好是非常鼓励的，常常买一些纸飞机、纸船模型让儿子动动手。吃了晚饭，包括爷爷、奶奶在内的一大家子便聚一块陪小伙子做模型。如今，成果都快堆满健健的房间了。健健的妈妈说："我们都很珍惜这段时光，感觉找到了一个和他沟通的好渠道。"

其实，健健的妈妈很早就想给儿子报航模班，但当时老师建议说孩子年纪太小。"现在儿子上小学一年级了，我觉得也许可以试试。他呀，3岁时就已经喜欢拆东西，我们想给孩子一个机会，正好可以培养动手能力和创造性。"健健妈妈这样说。

作业这么多，写不完了

——帮孩子改掉写作业拖拉的习惯

淼淼是家里的小“劳模”，因为淼淼做什么事情都是特别慢，尤其是在淼淼写作业的时候更加明显。

今天淼淼放学很早，到家的淼淼拿出作业本准备开始写作业了，他打算先做数学作业。不一会儿，需要画一个三角形，淼淼从椅子上下来，去找三角板，在找三角板的过程中，他和小猫玩了一会。半个小时后，淼淼想起了语文作业还没做完，他又打算开始写语文作业。不一会儿，语文作业做累了，他又想做数学作业了……就这样，一个半小时过去了，淼淼的数学作业和语文作业都没做完。

孩子为什么会这样？

很多家长都为自己的孩子写作业拖拉而头痛。尤其是现在的孩子每天面临着大量的作业，孩子在做作业时候磨磨蹭蹭，就更加让家长感到烦心了。孩子每天都在应付作业，其他的时间都被挤掉了，生活、学习变得既劳累又没有乐趣。家长们不知道怎么才能让孩子写作业变得不拖拉。

由于现代的独生子女的现状，儿童出现写作业慢的原因很复杂，有先天的因素，也有后天的原因，以下几种情况可以供家长借鉴：

动手能力比较差。独生子女一般在家庭中很少从事家务劳动，自己

的事情也基本由家长"代劳"，没有太多的动手机会。因此，他们的小肌肉不够灵活，手指过于僵硬，这些不但会影响写作业的速度，而且写出来的字也不漂亮。

视知觉能力落后。从儿童学习能力的角度出发，每个人的学习能力是有差异的，大致可分为视知觉能力、听知觉能力和感知觉能力。视知觉能力又分为视觉分辨、视觉记忆广度、视觉理解和视动统合能力。如没有达到他的实际年龄水平，写起作业来就容易马虎，而且抄写错误过多、注意力不集中、写作业拖拉等一系列问题就会出现，成绩自然也就上不去了。

基础知识不扎实。小学阶段儿童入学年龄提前，又没有经过学前班的过渡，直接进入小学可能会不适应，而教师和家长没有注意到孩子的能力差异，课上的知识不能完全理解，课下再不注意"消化吸收"，日积月累，很多作业就不会做，不但写作业的时间会延长，有的甚至害怕写作业，逐渐对学习也就没了兴趣。

家庭教育环境不佳。现在的一些家长只注重对孩子智力的"投资"，而忽略了非智力因素的培养。经研究表明，一个人未来成功的条件，不是有很高的智商就足够了，而例如像兴趣、成就动机、学习热情、自信心、意志……这些非智力因素会制约和影响智力因素的发展。

家庭期望值过高也是一个原因。为了赶超同年龄的孩子，家长会让孩子参加各种兴趣班。本是无忧无虑的年龄，业余时间却在课堂上度过，这种无形的压力只会"加速"孩子厌学的速度。

父母该怎么办？

孩子，特别是低年级的孩子做作业速度慢，别人10分钟能做完的作业，他往往要磨上一个小时，这样的情况已经成为学生学习品质中的"顽症"。那么，我们要如何纠正孩子这种不良的学习品质呢？

我们要教育孩子做作业之前做好充分的准备。孩子做作业慢，除了思维上的因素以外，还可能与他们没有做好充分的准备有关。如没有削

好铅笔、没有准备好必要的学习工具，甚至没有搞清楚老师所布置的作业要求。所以，家长应该帮助孩子充分做好做作业前的各项准备工作。

让孩子在规定时间内分阶段完成学习任务。如果孩子能够专心完成，父母要给予一定鼓励（表扬、抚摸、亲吻等），并让他休息5～10分钟，再以同样的方式完成下面的学习。当孩子能够做得很好时，可逐步延长一次性集中做题的时间。

尽量排除做作业时的各种干扰。因为做作业慢的孩子往往注意力容易分散，容易受外界的干扰，他们的意志力和注意力都比较差，因此，营造幽静、舒适的学习环境，对这些孩子来说显得尤为重要。

要尽量减少对孩子唠叨和训斥的次数，让孩子感觉到他是时间的主人。父母的唠叨和训斥只会让孩子对相应的事情产生厌烦，从而注意力更不可能集中。不妨让孩子感受到自己是时间的主人，教孩子学会分配时间：当他在相对短的时间内集中精力做好功课，便有更多的时间做其他事情。孩子学习自己掌控时间，有成功的感觉，做事会更加自信。

不要给孩子增加家庭作业。有些家长在孩子完成作业以后，不断地给孩子增加"家庭作业"，为了抵制家长附加的"作业"，于是孩子就采取"磨"的方式，有意做得很慢，结果家长看到孩子作业已经做得很晚了，事先准备好的作业也不给孩子做了，孩子的抵制取得了一两次的"胜利"，做作业慢的坏习惯也就养成了。在这里，要提醒家长注意，在孩子还没有把做作业当做一种乐趣的情况下，不要给孩子增加"家庭作业"，家长要鼓励孩子抓紧时间把作业完成，孩子完成作业后，剩余的时间留给他自己去支配。

另外，营造一个有利于集中注意力的家庭学习环境。孩子能够保持良好的注意习惯，不但要注意训练，周围的环境也是非常重要的。孩子的书桌上，只能放书本等相应的学习用品，不可摆放玩具、食品，更不能有电视机、电话等声音干扰。父母也尽可能不在孩子学习时进进出出，大声干扰。此外，室内的光线也是一个容易被忽视的环节，光线柔和适度，有助于孩子集中注意力。

相关链接

写作业慢的坏习惯是部分孩子在平时的学习过程中逐渐养成的。因此，完全可以通过自己的努力加以克服。

❀从日常小事入手

一般来说，做作业慢的人，做其他事情也比较慢。因此，应该从各方面来提高速度。首先孩子可以从日常小事入手，从吃饭、穿衣做起。吃饭时不要说过多的话，也不要边看电视边吃饭。晚上睡觉前，将衣服按次序放在随手就可以拿到的地方，使早晨起床穿衣时可以节省时间，并尽可能地加快穿衣服的速度。平时做事情时，不断对自己说："快一点、再快一点！"长期坚持，孩子就能养成良好的习惯。

❀整理好书桌再写作业

开始做作业前，要把书桌整理好，把没有用的东西和可能会影响孩子注意力的东西收起来，把有用的书本和必要的学习用具放在伸手就能拿到的地方。一旦开始做作业，就要平心静气、专心致志、心无旁骛，排除一切干扰和杂念。

❀做作业要注意定时定量

如果以前做五道题要用 20 分钟，那么，从现在开始，要努力争取做五道题用 18 分钟。开始时，不要把目标定得太高，要循序渐进，慢慢提高，不要急于求成。这样做也可以培养你学习的计划性和学习兴趣，提高学习的动力和做作业的积极性。

我不敢回答老师提出的问题

——让孩子克服害羞心理

又上课了，上课前，刘雨生的心就开始惴惴不安，他在心里不停地念叨着："千万不要让我站起来发言，千万不要让我站起来发言……"老师开始讲课了，老师讲的是生字和词组以及对课文的分析和阐述，但刘雨生一句都没有听进去。他低着头，眼睛虽然盯着课本，可一个字都看不下去，他心里只有一个想法："快点下课，千万不要让我起来发言。快点下课，千万不要让我站起来发言……"不巧的是，老师的声音偏偏在这时响起："刘雨生，你来复述一下刚才我讲课的内容。"刘雨生一下子愣住了，慢慢地从椅子上站了起来，头垂得更低了……

孩子为什么会这样？

有些孩子上课不敢举手回答问题，当别人踊跃回答问题时，他即便知道怎么回答也不说；而且他下课不敢主动参与同学的游戏，表现得非常胆怯。这样的孩子从小就害羞、退缩，在家中很顺从。从心理学角度来说，孩子胆怯、不自信，是由于家长对孩子过度保护，使孩子与其他人特别是成年人建立关系的努力受阻，以后则慢慢形成了畏缩、胆怯的交际心理。

❋ ❋ ❋ ❋ ❋

害羞，是一种在人际环境中使人感到不舒服和压抑的状态，它往往影响一个人的人际交往和是否能顺利达到人生目标。害羞有两种：内向

型害羞和外向型害羞。后者在公共场合表现活跃但内心是害羞的，他们喜欢参加社会活动，也有社会技巧来有效地完成这些活动，但是他们仍然担心别人是否会真正地喜欢和尊重他们。

父母该怎么办？

家长应该怎么做？

不要批评、吓唬孩子，不要硬要孩子叫人，硬要孩子去和同学一块玩，放松一些，要接受孩子这种性格或宽容孩子这一个阶段的这种表现。

不要把害羞当做错误行为，对这种行为表示不满，甚至暗示孩子因为有这种行为，所以不喜欢孩子了；相反要以平常心对待，要孩子知道暂时不和老师打招呼、不和同学一块儿玩，并没有什么大问题。

不要当孩子的面给他贴标识，说孩子是个害羞的孩子。需知，标识会深深植入孩子的心，他会认为自己就是这个样子了，可能以后孩子还会利用这个标识来逃避不喜欢的人（这是有意识的了）。

对于自我评价低的孩子，要帮助他们提高自信心，让孩子多参加一些课外活动，在活动中认识一些朋友，并且在活动中学到一些小才艺。这样做，可以使他们跟上别的同学，才可能愿意和同学一块儿玩。

要对朋友、同事做工作，不要过分要求这种孩子要和别人打招呼。最好先远离孩子，逐渐接近，孩子就能适应了，这时，孩子也会主动打招呼了。打招呼是一种礼貌，但如果孩子对人态度好，愿意接受人，人家和孩子讲话、玩，他都能友好相待，那么孩子不叫人也没有太大关系。

孩子应该怎么做？

要树立充分的自信心，明确自己的优势，始终对自己说："我有自己的思想和认识，我有充分的理由能说服对方，只要认真了、尽力了，事情就可以办好。"

要克服过分的自我心理，说话办事都十分谨慎，唯恐自己的言行不对而被耻笑。要善于取长补短，即使自己说错了、做错了也没有关系，关键在于善于总结经验教训，不断完善提高。在与他人讨论和合作的过程中，自己要充分地学习和接受对方正确的意见或更合理的做法，经过多次的锻炼，自然就逐渐适应了、成熟了，说话办事就有力度了。

养成昂首大步的习惯。径直迎着对方走过去，讲话时盯着对方，让他感到你的目光；开口时声音宏亮，结束时也会铿锵有力。

在与人交谈时，学会适时地保持沉默，以"迫使"对方谈话，从而也让自己有一个酝酿谈话的过程。讲话时，尽量用一种从容不迫的语调表达自己的观点。

积极参加集体活动。同学们在一起你一言我一语，没有谁注意你的表情，你就可以尽量地大声说话；上台唱歌表演时，你就挑选最熟悉的歌；在中间时间上场，就不会因最先或最后上场造成紧张的心理。

训练自己会用幽默来处理反对你的观点和意见，若出现尴尬的场面，不妨自嘲，表现豁然的一面。

接触的人可先从亲朋好友开始，后老师、同学，再是陌生人。这也叫脱敏疗法，在此期间一定能得到鼓励和支持。

相关链接

孩子害羞的一些原因：

❋孩子个性不同造成性格差异

每个孩子的个性气质都不相同，有的内向，有的则活泼开朗。生性内向的孩子比较容易胆小和害羞。

✿独生子女成长环境造成缺乏与人交流

现代家庭大多为独生子女，居住方式以独门独户为主，无形之中减少了孩子与他人互动的机会。

❖幼儿时期父母忽略了对其性格的培养

陪孩子一起成长

孩子在幼儿时期行为发展的第一年，会对主要照顾者产生强烈的依赖感。如果此时不注意影响他，容易造成孩子对人产生畏惧、不信任感，从而间接影响孩子日后与人相处的关系。

❈ **因忙于工作，父母平时较少关心孩子**

当孩子吵闹时，就训斥孩子。孩子有问题来问父母时，遭到的是奚落和不耐烦的拒绝。孩子日后的害羞情结大多与此密切相关。可惜的是许多父母并没有认识到这一点。

◈ **不擅长与人交流的孩子**

有些孩子不太善于与人交流，长期交流失败会导致孩子缺乏表现自我的信心，而只能选择退缩或者逃避来掩饰自己的缺点。

小时偷针，大时偷金

——孩子学会了偷窃

　　子浩的姨妈开了一个小超市，7 岁的子浩经常到超市去玩。有一天，姨妈发现子浩趁人不注意的时候从店里拿巧克力，这让她大吃一惊。开始她以为，孩子小，拿点就拿点吧。后来她发现子浩又拿笔、小刀和乒乓球，而且总是在环顾四周没人的情况下偷偷塞进口袋，等做完了这些，他还装得极为正经，俨然一个十足的小偷。姨妈觉得再不指出来会毁了孩子。

孩子为什么会这样？

　　大多数孩子都至少偷偷拿过一次东西。发现情况后，大部分父母会反应过激，惊慌失措的父母往往骂孩子是贼或撒谎精，还会采取一些极端的做法，比如打孩子、罚站或用其他惩罚性的措施以避免孩子长大后偷东西。判定和惩罚孩子只会使情况变得更糟糕。

❉　❉　❉　❉

　　现在的家庭条件好多了，人们再也不会为吃穿发愁。应该说，孩子偷东西的事是不会发生的。但是，我们又发现，即使生活条件很好的家庭，也时常会出现孩子偷拿别人东西的事情。

　　从儿童心理学来分析，孩子偷拿别人的东西是由两种心理因素引起的：一是孩子有一种强烈的占有欲望，他对自己没有玩过的东西，既好奇又想获得，而且企图马上获得。在私欲的引领下，他便悄悄将别人的

东西据为已有。另一种是出于孩子异乎成人的冒险心理，他们心想："我拿了别人的东西，只有自己知道，别人却不知道，这是多刺激和神秘呀。"偷东西的行为大多发生在孩子幼年时，大多数孩子并不清楚偷盗这种行为的卑劣之处。因此，家长要注意在这个方面对孩子进行正确的引导和教育。

父母该怎么办？

对孩子进行此方面的教育时，同样要注意方式、方法，不能光是没完没了地责备，要做到不伤害孩子的自尊心，不激发他们的对抗与报复心理，或产生对自身的厌恶，从而失去自信心。家长要针对事情，而非人的本身。明智的教育既能使孩子改正自己的不良行为，又能树立正确的道德观，保持良好的心态，增加对别人的关切之情。父母应随时随地教育孩子有关整个社会必须遵守的行为规范，懂得作为社会的一分子，要学会约束自己的行为，不给他人造成伤害。唯有如此，社会每个成员才可以享受平等、幸福的生活。

孩子有了偷窃这个毛病，一定要克服掉，而且越早越好。其实，很多孩子都有过偷拿别人东西的经历，只要改正了，将来还是好孩子。那么，怎么帮助孩子克服呢？

先让孩子认识到拿别人东西是可耻的事情。跟孩子说清楚偷拿别人的东西是极为可耻的行为，它会使一个人身败名裂的。一定要帮助孩子克服这个坏毛病告诉孩子包括家里的东西、家里的钱，都不可以随便拿的。

孩子再犯的时候，一定让他将偷来的东西当面还给人家。最好让他自己去归还东西，如果他不自己去，就带着他一起去。让他当面向人家道歉，培养他的羞耻心，强化他的自制意识。

规定孩子不论买什么东西都要征得家长同意，家长给孩子钱或者他自己花钱都要记账。发现孩子有来路不明的钱就要过问，防止孩子自己克制不住。

警告孩子。如果再发现他偷拿别人的东西，包括家里的钱，就告诉老师和同学。严重时就送派出所，请警察帮助管教。这样警告他，可以给他抛下一个心锚，让他不敢轻举妄动。如果孩子说自己就是控制不住的话，那就属于心理问题了，那就要用厌恶疗法。

相关链接

很多孩子偷东西是因为觉得没有人爱他们，并且没有归属感。因为没有人关心他们，而且这让他们觉得很受伤，所以他们觉得伤害别人也是理所当然的，这就是所谓的"报复循环"。因此，想办法让孩子知道有人爱他们很重要。要对事不对人，在想办法解决问题的过程中要体现对孩子的关爱。

孩子偷东西往往是因为他们认为这是唯一能够满足自己需要的途径。要确保孩子有足够的零用钱花，同时也不能超出家庭的预算开支。

有时候，孩子偷拿东西只是因为家里钱物被随手搁置，诱惑性太强了。不要让孩子看见你的钱和其他贵重物品。如果你怀疑孩子偷拿兄弟姐妹的东西，就给他们找个能上锁的盒子，以防财物被偷。

孩子也可能是因为嫉妒他的兄弟姐妹才偷他们的东西。问一问孩子

是不是认为你偏心。认真倾听孩子的回答，看看你是否分析到点子上了。让孩子知道嫉妒别人是很正常的，但你仍然很爱他们。跟孩子谈谈你觉得他们每个人的特点是什么，要保证和孩子的谈话是积极正面的而不是批判性的。

开一次家庭会议，帮助孩子在事发前认识到偷拿东西的不良后果。如果孩子已经偷了东西，要确保谈话是友好而且不是针对某个人的，不要把注意力集中在某个人身上。多问几个"是什么"、"为什么"和"怎么样"，就能取得这样的效果。比如你可以问："你认为一个人为什么要偷东西呢？偷东西会有什么后果呢？在家里我们要怎么做才能让大家都觉得安心并互相信任呢？"

让孩子清楚地感受到你无条件的爱，但这种爱没有挽救的意味。换句话说，要让孩子知道你会怎么做，而不是想方设法控制他们去做什么。如果一个10来岁的青少年偷汽车零部件是为了吸大麻，父母应对他说："如果你坐牢了，我仍然会爱你，给你送来饼干，但我不会保释你出去。"如果一个10岁的孩子损坏了从朋友那儿"借来"的玩具，可以对他说："我会帮你想办法，但我不会替你解决问题。"

我和朋友打架了

——如何处理孩子和小伙伴打架

大川和壮壮都上三年级，两家很熟。一天，两个小家伙为了踢足球打了起来。壮壮个小但是却很凶猛，大川块头儿大拳头猛，最后却被壮壮打败了，哭喊着找他妈妈去了，因为壮壮用指甲在他脸上刮了一道。

不一会儿，大川妈妈就气急败坏地带着儿子去找壮壮的妈妈了。两人很快取得一致意见，严禁两个小孩子在一起玩儿。回家后，妈妈对大川面授机宜："谁再打你，你就使劲儿打他。"没过多久，她的话就立竿见影了。没记性的壮壮又凑过来，大川以为他来挑衅，上去一下子就抠去了壮壮脸上的一块肉。

孩子为什么会这样？

一般来说，孩子之间的"争吵打斗"与成人之间的"争吵打斗"性质不同，这种"争吵打斗"仅仅是一种游戏或嬉戏行为，吵完打完便烟消云散，转眼之间又会快乐地玩耍起来，所以家长没有必要去辨别孰是孰非，更不能教唆孩子用打架的方式进行报复。

其实，孩子打架是常常发生的事，即使是一点点小事，也能让他们大动干戈，甚至扬言以后再也不理会对方了。可是过后，他们往往忘了他们曾打得怎样的激烈或是怎样的恶言相对，不出 24 小时，他们又搭着肩膀称兄道弟了，在一起玩得不亦乐乎。

✿ ✿ ✿ ✿ ✿

孩子没有隔夜仇，作为老师和家长也不必过分紧张，更不可介入孩子的纷争，把原本简单的事搞得乱七八糟，让孩子之间的友谊受到损害，甚至害他们反目成仇！打架，也许是他们解决问题的一种途径，架打完了，矛盾也就化解了。

当然，作为家长也不能完全置身事外，毕竟孩子的自我判断能力和自我控制比较差，一冲动，也不知道什么叫做"危险"，因打架而出现伤亡的事件也时有发生。所以，家长在平时应提醒孩子注意人身安全问题，让他们意识到打架的危险性，引导他们做事要冷静处理，不能动不动就动用武力。

父母该怎么办？

小孩子都很喜欢模仿成年人，不喜欢成人老把自己当小孩。父母可以抓住孩子这一心理特点，让他们意识到：**打架是一种不成熟的表现，是小孩子的行为。**他们出于模仿成人的欲望，自然会提醒和约束自己。以上属于预防性教育。

若是已经发生，而且事态轻微，就不必过分忧虑或紧张，这时只需要稍加引导就行了。训斥太过，只会让孩子产生叛逆心理或是把过错推给打架的另一方，导致问题严重化。

通常孩子较不会去分辨是玩游戏还是起争执，也许只是互相推挤比谁的力气大而已，但是看在大人的眼里就变成好像在打架一般。**因此，对于孩子的打架，宜多观察后再下定论，以免因误会而大声责骂孩子，造成孩子的委屈。**

若是喜欢常跟别人打架的孩子，身为父母或师长，首先应了解孩子是因何原因起争执，并要向双方说明任何事不是光靠打架就可以解决的，还有许多的方法可以来处理争执，而且只要动手打人就是不对的行为。

对于不同的原因要给予不同的处理方式。若是因在课业上没有成就感，才造成孩子想借打架来引起别人的注意，那么父母可以找出孩子的其他长处，给他发挥的机会，建立其成就感。对仗义执言的孩子，可以肯定其正义感但可以改变做法，可以告之，可先向老师报告取代当面冲突。至于讲话的口气不会修饰者，则告知孩子说好话对自己及别人都受用，可以举一些好话的案例来改变孩子说话的态度。

相关链接

在溺爱中长大的孩子往往比较任性。与小朋友的游戏中遇到意见有分歧，就会出口骂人或动手打人。对于喜欢打架、骂人的孩子，父母首先要分析其原因，然后针对各种不同的原因进行教育。

把打人、骂人当做好玩的事情。2~3岁的小孩把打人作为好玩，打了人后还觉得很开心，有的成人反而逗孩子说："真有意思，来，再打一下。"时间一长，孩子认为打人很好玩。因此，一旦发生孩子打成人，应严肃对待，不予理睬，时间一长，他就会觉得打人没意思了。

由于父母过分溺爱，养成孩子非常任性。在与小朋友交往中发生意见有分歧，他不会用恰当的方式表达自己的意见，而选择了打架或骂人的方式。遇到这种情况家长除了不能过分溺爱外，应该教孩子一些处理问题的技巧。

受了父母不良的影响。有少数父母本身举止不文明，双方爱吵架，甚至打架，摔东西，久而久之孩子就模仿父母。

父母对孩子的教育方式比较粗暴。有少数父母对孩子的态度非常粗暴，动辄打骂，使小孩在打骂中长大，于是他就认为只有用打骂才能解决问题。因此，为了使孩子不打架骂人，父母必须改进自己教育子女的方法。

上课不听讲，没精神

——避免孩子上课溜号

上课铃声响了之后，同学们都坐在了自己的位子上。老师开始上课。刚开始时，王小华还听课，后来他觉得听课有些听不明白，很没意思，脑子里闪现出很多动画人物，比如机器猫啦、变形金刚啦，这时他禁不住笑起来。猛一抬头，王小华发现，老师正注意他呢。他赶忙收起了笑容，拿起笔在书上乱画了几下，装作听课的样子。安静了几分钟后，王小华不知不觉又玩起了橡皮，抠呀抠呀一直抠。不一会儿，老师的独门暗器——半截粉笔飞向王小华。王小华清醒了，这才意识到：这是在上课，应该好好听课。但是，有时他就是管不住自己，不自觉地就做起了和学习无关的事情。

孩子为什么会这样？

现在的孩子似乎"天生好动"，上课注意力很难集中，上课才上一会儿工夫就开始坐不住了。即使是自己很喜欢的科目，上课也很难长时间认真听讲，上课一开始还能跟上老师的思路，可到一半的时候就坚持不住了，一会儿玩玩橡皮、动动铅笔，一会儿和同桌讲讲话，一副心不在焉的样子。由于注意力不集中，对老师讲的内容充耳不闻，由于没有系统跟上老师的步伐，无法理解老师课堂讲授的知识，这样一来，会导致后面学习的内容不理解，从而造成知识的脱节。这些上课无法认真听讲的孩子，除部分真正患有"多动症"外，大部分的孩子是因为缺乏自觉性，不能够主动控制自己的行为。

✿　✿　✿　✿　✿

现在有好多孩子上课容易走神、好动，可当他们看漫画书、看电视、打电脑游戏、玩球时又特别专心，这是为什么呢？前面已经分析了孩子上课走神的原因很多。所以，家长要具体问题具体分析，弄清楚孩子上课走神的真正原因，如孩子为什么对这门课不感兴趣或是如何能让孩子理解老师所讲的内容、能与老师进行沟通等，要从根本上解决问题，才能起到真正的效果。

父母该怎么办？

为了防止孩子上课走神，作为家长应正确对待。

了解情况，找到原因。 作为孩子的父母，要积极主动地与老师联系，了解孩子在哪些课上不专心，是因为上课听不懂、不会做题，还是因为对学习没有兴趣、不专心导致的上课走神。只有这样，才能有针对性地进行补课和说服教育，让他跟上老师讲课的进度。时间长了，孩子就会知道上课不注意听讲，还得补课，占用了课外学习时间。明白了这一道理，孩子自然而然地开始专心听讲。

与老师一起正确引导。 如果孩子对老师讲的内容不感兴趣，不是不会，也不是会了，而是根本不关心，心里想着自己喜欢的事。作为家长，此时应协助老师正确地进行引导，使孩子明确学习目的、激发学习兴趣，并根据孩子的注意力特点进行培养，强化孩子的注意力，使他有注意和无注意交替进行。在这种情况下，可以激发他想长大、想当大孩子的心理，大孩子是什么都应该会的，所以就要好好学习、专心听讲。

鼓励孩子，树立信心。 表扬是促进孩子成才的关键，要从善于肯定孩子的成绩开始。如果孩子取得了好的成绩，父母就可以给他买一些书或一套新衣服作为奖励。实践证明，如果能经常得到父母的鼓励和支持，一个充满信心的孩子，往往会获得成功，更不用说专心听讲。老师要多提问不专心听讲的孩子，让其实实在在地感受到回答出问题之后的快乐。

帮助孩子提高控制能力。有些学习时注意力不集中的孩子，一旦玩起电子游戏来，却又那么专注，一玩就是几个小时，眼睛片刻也不离开屏幕，这当中其实就有如何培养孩子控制注意力的问题。要提高孩子控制注意力的能力，不妨进行些小小的训练。如对幼儿，你唱一首歌，要求他注意听歌词，然后问他听到了什么；让一个年纪稍大的孩子，大致地看一看书的页码，然后悄悄拿走这一页，问："还记得你刚看到的那一页的页码吗？"也可讲一些类似"小猫钓鱼"的故事，跟孩子讲一讲小猫做事情不专心、一心两用，导致没有钓上一条鱼，启发孩子做事情要专心。

相关链接

导致孩子上课走神的原因有很多，常见的包括心理因素、学习能力、感觉统合失调还有一些智力因素以及身体方面的因素等。心理方面的因素，如学习动力和学习兴趣不足，缺乏自信心，做事没有持久性、适应能力差等；学习能力方面的问题，如虽然孩子很努力，但成绩还是不理想，这类孩子主要存在阅读、理解、计算、思维等方面的障碍；感觉统合失调也是导致孩子学习困难的因素之一，因为感觉统合失调可引起孩子多动、注意力不集中、胆小、缺乏自信、协调性差等，这些问题可直接影响孩子的学习。此外导致孩子学习不好的原因还有儿童智力因素、多动症、铅中毒、家庭教育方式及身体方面的一些问题。

对学习困难的矫治，首先要分析和明确导致孩子学习困难的原因，根据每个孩子的具体情况，针对原因对孩子进行心理治疗、感觉统合训练、学习能力训练，必要时配合药物治疗。

另外，导致孩子上课走神的原因还有很多，如：神经系统发育迟缓，导致大脑功能失调，造成学习障碍，导致孩子上课走神；由于个体

差异，导致有的孩子活泼好动，兴趣广泛，注意力不集中；精神发育迟滞，患有学习焦虑症，导致孩子的不正常心理活动，使其注意力涣散；一些非智力因素，如厌学、逃学、说谎、怕老师、受欺负、家庭不和睦等，也能导致上课走神；父母对孩子期望过高，太注重学习成绩，使孩子思想过度紧张，也容易造成孩子上课时走神或打瞌睡。

我不喜欢跑步

——小心孩子变成懒小孩

　　龙龙上小学六年级了，他年纪不大却已经是个小胖子了。每次妈妈带龙龙去买衣服的时候，总是为买不到合身的衣服而发愁。龙龙也因为胖，被同学们取笑，起了一个叫"馒头"的绰号，这使得龙龙觉得自己在同学面前抬不起头。

　　最后，龙龙的妈妈和爸爸一致决定让龙龙每天开始跑步减肥。

　　第一天，龙龙兴致高涨地和爸爸一起晨跑；第二天龙龙虽然和爸爸一起跑步，但是明显的不高兴了，全程都是撅着嘴跑完的；第三天，龙龙说什么也不起床跑步了。爸爸问他为什么，龙龙回答说："我不喜欢运动。"

孩子为什么会这样?

　　孩子为什么不喜欢运动，原因可能有以下这几方面：

　　首先，孩子可能为身体的某些方面功能不佳而自卑。如：身材矮小，够不着高大的体育器械；或是因为视力不好，运动起来不方便，害怕出丑等而不喜欢体育运动。

　　另外，可能就是孩子自尊心很强、害怕失败，或是害羞、在公共场合感到困窘等原因，都可能导致孩子不爱参加运动。

　　还有一些孩子可能是缺乏或自认为缺乏在某项运动中取胜的能力，他们也害怕受伤或天生就小心谨慎，所以不愿意参加令他们恐惧的运动。

除此之外，一些外部环境因素，比如锻炼的空间和外部环境不具备，这也有可能造成孩子不爱运动。

总之，令孩子不爱运动的心理原因有很多，有的原因是真实存在的，也有原因仅仅是孩子想象出来的，但是无论是哪种情况，家长都要在尊重孩子的同时，找出问题的根源，并积极加以引导。

❖ ❖ ❖ ❖

"生命在于运动"，运动能给孩子带来无穷的活力，能够促进孩子的身体成长。身体的健康发育是一切能力发展的前提和保障。体育活动不仅能增强孩子的身体健康，满足他们成长的需要，同时也能够锻炼孩子的意志和品格。孩子正处在生理发育和心理素质发展的敏感期，所以，让孩子养成自觉锻炼身体的良好习惯，对孩子的健康成长是十分有益的。

父母该怎么办？

首先，从兴趣着手。"兴趣是最好的老师"，体育锻炼也是如此。因此，家长应努力培养孩子对体育锻炼的兴趣。比如：父母可以经常性地让孩子看看体育节目，使孩子对体育活动发生兴趣，产生体验欲望；也可以和孩子一起参加有趣的体育活动，从而激起孩子运动的兴趣。

当孩子开始有了运动的表现，要及时肯定和鼓励孩子的运动成绩，强化他的成就感，从而增强孩子运动的信心和兴趣。对待在运动过程中孩子遇到的挫折，父母不能和孩子一样垂头丧气，而要始终微笑着鼓励，适当地做出示范，保护孩子的运动兴趣。

其次，要根据孩子身体实际，循序渐进地进行活动。俗话说："不能一口吃成个大胖子"，锻炼要想取得实效，必须注重科学。开始运动时，可以作出具体的计划，运动项目、运动强度也要根据孩子的能力来递量进行，慢慢地，逐步增大运动量、运动强度以及运动项目的难度，使孩子不至于因为要求超出实际而畏难退缩。

　　此外，还要注意，给孩子安排的运动项目要全面。比如跑步、跳远、投掷、球类、体操、武术等都可作为锻炼的内容。让孩子全面地参加多种体育项目，才能使身体各部分都能得到锻炼，从而均衡地发展。

　　运动锻炼要做到持之以恒，无论做什么事，都不能半途而废，"三天打鱼、两天晒网"是练不出好身体的，所以只有引导孩子长时间地坚持锻炼，才能收到实效。在这方面，尤其需要父母的身体力行，要知道，懒父母很容易带出懒孩子。

　　另外需要说明的是，一些孩子可能对体育运动没有兴趣，但他仍然可能会对其他非竞赛性的运动感兴趣，只要孩子没有变得不好动，即使他不进行"正规"的体育运动，做家长的也不用过于担心。

相关链接

　　为了培养孩子热爱运动的习惯，专家给父母们提出如下建议：

✲给孩子创造运动的条件

　　要创造条件，鼓励、支持孩子参加各种体育锻炼，以增强孩子身体各部位的机能和适应环境的能力，增强孩子的体质。现代都市的居住环境一般比较狭窄，孩子在家里的活动空间有限。父母应在适当的时间，给孩子安排一些户外活动，让孩子多跑跑、跳跳，参加一些体能锻炼。

这样，既可以训练孩子敏捷的身手，又可以锻炼孩子的体魄和胆略。

❀让孩子养成爱好锻炼的生活方式

3～12岁是人形成良好习惯的关键期，此时孩子在生理上处于生长发育和素质发展的敏感期，人的可塑性大，最容易接受成人的引导与训练，正是养成自觉锻炼身体习惯的好机会。如果错过了，随着人的年龄的增长，由于受旧习惯的干扰，新习惯就难以形成。

❖为孩子提供安全的场地

训练孩子的运动能力，应该为他准备场地。场地必须安全。父母不要整天将孩子关在家中。孩子从幼儿园出来时，总希望在外面玩一会儿，这时父母不要急着把孩子带回家，应该让他做些必要的户外活动，可以在居住地的周围找一块空地让孩子蹦蹦、跳跳。但有些住宅区周围过往的车辆很多，父母应该特别注意孩子的安全。

❖给孩子提供一些用具

孩子为运动而运动总感到枯燥，父母可为孩子配置必要用具，增加活动的兴趣性，如球类、橡皮筋。另外，为了方便孩子运动，应该让他穿运动鞋和运动服。

◉父母可参与到孩子的运动游戏中

由于许多独生子女缺少玩伴，父母就不可避免要充当这一角色——当孩子的玩伴，如与孩子一起拍球、传球、单腿跳等。因为上学的孩子竞争意识增加，他们重视行动后的结果，所以父母与孩子一起玩，可以提高孩子运动能力。

青春物语篇：
解读青春中的那些秘密

你们根本都不了解我

——你和孩子沟通了吗

　　"人活着为什么要这般痛苦？我现在已经失去了所有的一切，要再生，那只有一条路——从倾斜的世界里走出来，从越陷越深的迷宫中走出来。我要的只是人与人之间起码的沟通，哪怕，他们只用一分钟的时间倾听我的心里话。我是一个孤独者，在生活中是那样的懦弱，不堪一击。人类本应该在美好的环境中生活，不应该有莫名其妙的痛苦，而我多年来却充当着'奴隶'的角色。我多么希望爸爸、妈妈能够了解我的内心，认真地听一下我的真实想法，然而，他们给我的都总是咄咄逼人的目光、永无休止的训斥和冷冰冰的'爱护'，实在让人难以承受。他们为什么不能放下所谓的'爱护'而真正地了解真实的我，知道我内心的真实想法呢？"

　　这是刚上初一的魏斌，给好朋友长信中的部分内容。魏斌是个性格较为内向的孩子，喜静但不孤僻。从上学后一直都是成绩优秀，但是他却总是不开心，因为，魏斌的父母很少和他交流，更不了解魏斌，所以他心里像有块大石头一样压得他喘不过气来。

孩子为什么会这样？

　　在大人看来，今天的孩子很幸福，吃穿不愁，娱乐消费丰富多彩，更有父母乃至亲朋好友的呵护与关怀，可是孩子为什么还会觉得空虚，觉得别人不了解自己，尤其是父母不了解自己呢？

　　其实，作为新世纪的青少年，随着年龄的增长，他们并不仅仅满足

于物质生活上的富足和家长无微不至的关心照顾，他们更渴望的是和家长的情感沟通，以满足于较高层次的精神需要。所以当家长不能与孩子平等交谈、沟通时，孩子会有严重的失落感和缺乏交流的压抑感，从而产生种种心理疑问。

✦ ✦ ✦ ✦ ✦

亲子沟通，顾名思义，就是指父母与子女之间的沟通和交流。也许提起这个话题，很多父母都在想，自己对孩子已经非常关心了，可是孩子还在口口声声地抱怨父母不了解他们，孩子满脑子的心事就是不愿意对父母吐露，仿佛隔了多大的距离似的。

事实上，孩子和大人之间出现这种现象，可能与家长缺乏亲子沟通技巧有关。因为孩子并不是天生就不喜欢和家长交流的，只是很多时候家长的反应不恰当，使孩子丧失了与家长沟通的兴趣。所以家长要学会和孩子沟通交流的技巧。

父母该怎么办？

理解尊重孩子。被尊重、被关爱是人的基本心理需求之一，当一个人觉得被理解、被尊重的时候，他的内心是温暖的、安全的、放松的，没有疑虑、没有孤独感。因此，"理解尊重孩子"能够有效地拉近父母与孩子之间的心理距离，缩小"代沟"。

这就要求家长去认同孩子的观点和行为，能够设身处地站在孩子的位置，用他们的眼睛去看，用他们的耳朵去听，用他们的头脑去想。

理解是爱心和尊重的具体体现。无论父母对子女，还是子女对父母，一般都不缺少爱心，但往往欠缺尊重。因为欠缺"尊重"，结果连"爱心"也感觉不到了。现在你不妨从"理解"开始，一个戏剧性的变化就会出现：你与孩子的心理距离马上就缩小了，你与孩子的口角冲突马上就减少了。

把自己的真实感情告诉孩子。家长在与孩子说话时，准确地向孩子传达出内心的想法、愿望，使孩子能够感觉到父母"批评"、"教育"中

所包含的关爱和善意是非常重要的，这可以减少由于父母"言辞不妥"而引发孩子的抵触情绪。

作为家长，不应该用"打骂和训斥"来把自己的"爱心和善意"伪装、包裹起来，而应该直接地准确地把自己的感觉、想法表达出来，这样效果会更好。例如，家长可以这样对晚归的孩子说："你回来得太晚了，我们都非常为你担心。"

家长批评教育孩子，是对孩子的深切关爱，也是家长应该履行的职责、义务。但家长在批评教育孩子时，应该注意这样几点：

● 避免夸大事实。不要用"你总是"、"你肯定"、"你从来"这样的句式。凭心而论，你的本意并非认为自己的孩子真的"总是如此"、"肯定如此"、"从来如此"。

● 避免笼统模糊。如果你对孩子的某种行为不满，要避免笼统地指责："你这个孩子……"而应该具体地说："你这个行为……"、"你这件事……"因为你真正不满意的是他的某个行为，而不是他这个"人"。

● 善于认错。家长也有无理的时候，认错时不要说："好了，好了，都是我的错!"或者"反正你总是对的，我都是错的!"准确的表达应该是："也许你是对的"、"也许是我错了。"总之，当父母对孩子的行为不满时，要避免指责，而是对孩子说出自己真实的感觉。

● 学会拥抱，学会耳语。在拥抱中，人可以得到安全感和信任感，是一种全身心的休息。焦躁的情绪可由此缓解或平息。人在情绪平静、心理稳定时是最理智的。耳语要比正常音量的表达更令人信服，更容易打动人。因为仅就耳语的姿态而言，就已经表明两人之间的一种特殊的亲密关系了。

绝大多数父母都深爱着自己的孩子，因此，父母应该经常用语言、动作、表情和姿态让孩子体会到父母的爱。特别是在孩子遇到困难和挫折的时候，把你的手放在孩子肩上，注视着他的眼睛，对他说："不管发生什么，你对我们来说都是最重要的，我知道你能行!"

● 学会倾听。父母与子女之间的沟通非常重要，但在这种沟通中，我们做家长的还应注意的一点就是：少说多听。父母和子女之间的代沟、根源往往就是缺少"倾听"的一方，每个人都想说，每个人都不注意去听，于是矛盾就来了。家长容易犯的一个毛病就是，总是希望孩子听自己的，却很少主动去听孩子的。那么，从今天开始，让自己都来试着克制一下自己，改变一下自己，在家里尽量地少说、多听，你会发现与孩子的关系、与配偶的关系、与老人之间的关系都会有很大的改变。

相关链接

在美国，父母是这样与孩子沟通的：

倾听他们怎么说，而且必须用心地倾听。

花时间学会真正理解他们的一言一行、一举一动。

就像我们当父母的一样，孩子当然也不是完美的，故不妨接纳他们本来的样子吧！

常和他们一起度过有意义的时光。

别将孩子跟他们的兄弟姐妹刻意地作"横向比较"。

与其对孩子常作否定，还不如找到一些表示肯定的话说说。

不忘表扬——告诉他们你为他们而感到自豪。

礼貌对待他们的朋友。

可以跟他们说说你心中的烦恼，这样他们就会明白：遇到麻烦的并非只有他们。

热心参加他们幼儿园组织的活动，如运动会、表演会、手工作品展览会等。

有些事完全可征求他们的意见或看法。

对他们拥有的物品应同样予以尊重。

不妨经常和他们一起哈哈大笑。

努力发现你和孩子共同喜欢做的事，并参与其中。

耐心地观察并发现他们的兴趣所在。

尽量多地和他们一起进餐，或一起做饭。

有时可对他们说，你认为他们很有两下子。

让他们知道，你随时随地乐于做他们的帮手和后盾。

作解释时务必耐心。

让孩子学会如何应对突发的意外事件。

为了能随时照顾孩子，你也须照顾好自己。

向他们说，你很高兴当他们的父母。

见到孩子时不忘露出微笑。

每天都可以跟他们说你真诚地爱着他们。

我喜欢他怎么办

——青春期对异性的解读

珊珊在日记中写道："我开始注意到班上的那个他了，他打篮球的姿势很帅。今天在操场上我跟他说话的时候，脸红心跳，感到很快乐。不知道这算不算早恋，我一直把跟他之间的交往一点一滴地写在日记里，当做我的秘密。当然，这些是不能让父母知道的，否则他们肯定会处处看管我，限制我的自由。"

孩子为什么会这样？

随着青春期的来临，孩子的身体发生着一系列显著的变化，其心理也随之显露出微妙的变化，此时是孩子情感最强烈也是最敏感的时期。

他们开始对异性产生浓厚的兴趣，这种情感已逐渐从单纯、较为原始的青梅竹马型转变成较为高级、具有社会性的爱慕型。他们很容易动感情，往往会对一个眼神、一句话想入非非，能为此琢磨很久。但是这种爱慕之心是很稚嫩的，缺乏现实基础，并且如果放任这种爱慕之心无限度地发展，会影响孩子正常的学习、生活。

也有的孩子可能会在各种压力下产生厌倦与压抑，加上与父母缺乏沟通，使得他们难以发现自身的价值。对家庭失望、烦躁空虚、进取心下落，少年们就会自然而然地把目光投向别处，其中有些就转向对异性的追求上来。另外，攀比和虚荣心也是造成早恋的一种因素。

❈ ❈ ❈ ❈ ❈

孩子进入青春期，意味着他们正在逐渐长大。伴随着孩子的成长，除了身体上会有很多的变化，比如声音的变化、身体快速长高、体毛的变化、青春痘的出现等外，还会伴随着心理的变化。比如：觉得自己成熟了，还觉得自己要独立了，对异性发生了兴趣，想尝试和他们交往。这些都是很正常的现象，家长要用平常心去看待它，对于孩子感到困惑的问题，设法去解决它，帮助孩子顺利解决青春期的困惑。

父母该怎么办？

"早恋"是青春期孩子身心发展到特定时期的正常情感表现，是孩子成长的一种情感标志。正因为这种情感是正常的，父母只能引导而不能破坏，粗暴地干涉和硬性地压制只会带给孩子更大的伤害，影响学习和身心健康，也可能引起孩子的反叛心理，把"早恋"变成"私奔"、同居……

其实，只要孩子的行为还没有严重越轨，父母就没必要过分担忧，可以采取理性平和的做法，把早恋变成"早练"。有两位家长的做法很值得借鉴。其中一位是母亲，她的女儿初中时喜欢上一个同班的男孩，一度成绩下降不能自拔。这位母亲很担心，在她关切的询问下，女儿吐露了内心的秘密。当妈妈对女儿说了一段话后，顿时让女儿清醒了过来。她对女儿说："妈妈像你这么大的时候也有过这种困扰，这很正常，妈妈能够理解。不过，你还在成长中，还要上高中、上大学，未来还有很多机会接触更多更好的男孩子，难道你想为了现在错过更美好的未来吗？我相信我的女儿不会这么傻。"

还有一位是父亲，他的儿子遇到了同样的问题。他和孩子进行了一场男人间的谈话，他是这样说的："我的儿子知道感情是什么了，这很好，说明你长大了，是个男人了。作为一个男人，你现在面临两种选择：一是选择现在这个女孩，付出的代价是老师的责难和两人生活的压力；二是先放一放，埋头苦干，作为一个真正的男人创造一番事业，为自己的感情生活积累足够的资本，让她刮目相看。我相信你是有责任感

的男人，知道怎样选择更好。"父亲的一番话，不仅让儿子很快走出了感情的困扰，而且激发了儿子作为男人的自尊和自信，将这种感情转化成了奋发向上的动力！

此外，还可以想出一些方法转移孩子的注意力。家长可以寻找孩子另外的兴趣点，根据这些兴趣给他安排一些活动，比如带他出去旅游等，让孩子把注意力从情感方面引开，从一个比较理智的角度考虑这个问题。当然，也可以让孩子从对异性的爱慕之情中进一步挖掘动力，孩子爱慕的对象一般都是比较优秀的，可以让孩子以他们为目标，鼓励他们向爱慕的对象学习。当他们真正的达到甚至超过了目标之后，思想上可能也有了新的变化。

总之，早恋并不可怕，父母们也完全没必要闻"早恋"而色变。要知道，青春期的恋爱虽然往往都是短暂幼稚的，但也是纯洁可爱的。大人需要尊重孩子，引导他们与异性正常交往。

相关链接

青少年到了青春期时候，性心理随着人体的性发育和性成熟而产生和发展。出于生理发育、家庭环境和社会影响的不同，每个人的性心理表现也不同。一般来说，有如下几种：

❀体像意识增强

由于明显地感到自己在生理、心理上接近成人了而感到高兴、自信，也可能产生恐慌、迷茫、不安和羞怯。由于意识到自己的生理的变化，就希望自己的外表具有吸引力。因此他们特别注意自己的穿着打扮，喜欢照镜子，常因对自己的体态、相貌不够令人满意而产生自卑和沮丧，甚至有的女生为了美而盲目地节食减肥，对身体的健康发育极为不利。

❀渴望了解性知识

随着青春期的生理发育，孩子好奇地注意到自己性成熟的各种特

征，并且很自然地想了解有关性的知识。对于自身的生理发育及异性，比如第二性征出现的奥秘，他们有强烈的探索心理，他们开始留心与男女两性有关的事情，找机会阅读与性有关的书籍，对异性的生理特征也感到好奇，渴望了解有关的奥秘。这种要求是正常合理的，是孩子性心理发展的必然产物。

❖ 对异性的接近、关注和爱慕

进入青春期后，对异性的态度变化很大。通常，青春期的少男少女对异性有种亲近或眷恋的情感，愿意多与异性接触，彼此向往。如喜欢观察异性的举止、仪表、才能，想方设法以直接或间接的方式与有好感的异性接近，或以各种吸引的方式来显示自己等。跨入青春期的少男少女，彼此爱慕、向往是性心理发展的正常表现。

❖ 性爱型的梦幻

此时的孩子可能会以主观的沉思或遐想编织自己与异性交往的情景，来满足心理上的需要。如有的孩子上课时表面上似在专心听讲，实际上却在想入非非，出现了一系列带有性情节的心理活动，做起了所谓的"白日梦"。还有的发生在熟睡的梦境中，这也是日有所思、夜有所梦的缘故。

◈ 自我安慰

青春期由于性机能趋向成熟而产生了性的欲望，这是青春期发育中的正常现象。他们常通过手淫来满足性的冲动，这是正常的，绝不能就因此认为是道德品质的败坏或生理上的不正常表现。

我长胡子了

——不可忽视孩子青春期的变化

莫莫最近很烦心，因为每天早晨起来他就会发现镜子里自己原来干干净净的下巴上长出了参差不齐的胡子，这让他觉得自己很难看。没办法，莫莫只好偷偷地拿爸爸的刮胡刀把这些该死的胡子刮掉。

云云和莫莫一样最近也很烦心，不过不同的是，云云发现自己的胸部越来越大了，而且一天早晨起来，云云发现自己的下边流了血，她觉得自己一定是得了绝症快要死掉了。她想把这件事情告诉妈妈，但是又觉得害羞，难以把这些事情说出口。

孩子为什么会这样？

青春期，是孩子身体发育的旺盛时期及性成熟时期。进入这个时期，孩子在生理上将发生很大的变化，其中一个非常重要的变化就是性的发育和成熟。它的成熟标志着人的身体发育的完成，即生理意义上的长大成人。可是这些正常的生理变化，却使得一些刚进入青春发育期的孩子惶恐不安。

虽然有些孩子会从日常生活中的某些信息来源中得到一些一知半解的知识，但是毕竟对自己的身体状况了解不够，有时甚至形成严重的心理负担。

❖ ❖ ❖ ❖ ❖

青春期是指由少年逐渐发育成为成年人的过渡时期。一般来说，女

孩子的青春期比男孩子早，大约从 10 ~ 12 岁开始，而男孩子则从 12 ~ 14 岁才开始。不过，由于个体差异很大，所以，通常把 10 岁至 20 岁这段时间统称为青春期。

青春期是人体迅速生长发育的关键时期，也是继婴儿期后，人生第二个生长发育的的高峰。这一期间，不论男孩或是女孩，在身体内外都发生许多巨大而奇妙的变化。因此，掌握和了解这一时期身体内的变化，对家长帮助孩子顺利度过青春期来说，无疑是一件十分重要的大事。

父母该怎么办？

引导孩子认识生理发育特征。现在的女孩一般在 10 岁左右进入青春发育期，当然有的孩子会推迟一些。进入青春发育期的女孩，身体内将会悄悄地发生许多变化：如月经来潮、身体长高、体重增加、胸围变大、臀部变宽等，逐渐富有女性特征。男孩则一般在十一二岁进入青春发育期，晚的可能会推迟到十五六岁，这时他们的身高、体重增加，逐渐出现喉结，长胡须，由于睾丸逐渐发育成熟，孩子还可能会经历梦遗等情况，这些都是正常的。

教育孩子正确看待身体发育现象。有的男孩为了避免长胡子，用钳子、镊子拔，把长出来的胡子拔掉；有的女孩会因为胸部发育过于丰满而使用束胸等方法。这个时候，家长应该告诉孩子这些生理发育都是正常的，不要刻意地采用一些方法来束缚自己身体的发育，否则容易引起危险，并影响发育。

在主动引导孩子了解青春期心理特点的基础上，指导孩子正确认识性和正确对待自己。进入青春期的孩子开始意识到自己正在向成熟迈进，并开始朦胧地关注两性关系的奥妙。由于性激素的刺激，他们开始对异性表现出过度的关心，甚至可能会通过不正当的途径去探索性知识，如黄色报纸杂志、黄色影碟、不良网站等，在一定程度上会受到不健康思想的毒害。家长应注意隔离和消除可能误导孩子性心理和性行为的语言、书籍、影碟等，引导孩子多参加积极健康的体育、艺术、音乐

等活动，培养高尚的生活情趣，与异性同学建立正常的交往关系，学会自珍自爱。

总之，青春期是一个“多事之秋”，任何一点差错都可能给孩子带来严重的伤害，大人应该密切关注孩子青春期的身心发展情况，设法走进孩子的心灵，成为孩子的朋友，当好孩子的老师。

相关链接

家长应该怎样给青春期的孩子普及生理知识？可参考以下几点建议：

❈让孩子有长大的幸福感

家长在孩子渐渐长大的过程中，可用语言对孩子体貌的变化，给予肯定和鼓励，如，“看我们的××长成大人了，值得骄傲，值得庆贺”。同时让孩子做一些既令他喜欢又有难度的事情，如让他代表家庭走亲戚，做他曾经依赖父母才能做的事情等等。通过做这些事，使他真真切切地感到，长大了的确让人骄傲和自豪。

❈有选择地借一些生理卫生方面的书籍给孩子看

在看书之前可先告诉孩子：“你长大了，该是你更全面地认识和了解自己的时候了，这是爸爸、妈妈曾经也看过的书，你也学一学，长长见识。”有了父母的指导，孩子也可以理直气壮地了解自己的生理变化，尤其是关于月经与遗精的秘密了。

❈为孩子提供间接咨询

孩子进入青春期后，对于性的问题会感到神秘，尽管大人对他讲性生理是很正常的事，但他总会认为是“难言之隐”而难于启齿。所以，这时家长应体谅孩子的心理，着力从实际行动上帮助他，给他提供一些间接咨询。例如：父母把关于性生理与性卫生方面的报刊、文摘上的知识给孩子看，直接通过自己的书面语言，将青春期的各种要求、禁忌与期望表述出来，使孩子觉得父母真心关怀他，这样父母的话在孩子心目中就会一语值千金了。

你们别总管我行不行

——还给孩子自由

姜宇认为他的初三生活，不是念书，就是被父母管教。姜宇为什么这样想呢？

原来，自从升入初三，姜宇每天不停地考试与念书，已经疲乏得像机械人一样了，但回到家还不能放松。如果稍微休息一下，父母就唠叨，连吃饭时看电视也被训。他觉得每天都是念书、考试、挨骂，无止境的循环使他很烦、很累，所以很想离家出走。

孩子为什么会这样？

现在很多父母有一个误区。他们往往对孩子照顾得细微到极致，从孩子几点起床、上学，到孩子回家看多少书，做多少功课，练习多少习题，不但过问，还要干涉。对于孩子来说，这样的强制生活几乎和牢狱没有什么不同。即便物质上再优裕，也是很难忍受的。

尽管父母的用意是好的，但是如果把孩子能自由支配的时间全部规定得死死的，孩子看上去一刻都不闲着，那么孩子永远也长不大。为什么呢？因为一个真正长大的孩子，是一个独立的孩子，他能成为自己生活的主人。主人就必须有自由，他能够按照自己的需求来安排一切。

❈ ❈ ❈ ❈ ❈

一个具有健康人格的人是自由的人，而自由主要体现在这个人能够自由、有选择地支配自己的行为。这种自由感不是凭空产生的，其中，

131

很大一部分来自童年时期对自由支配时间的体验。但遗憾的是，在一次调查中发现，城市独生子女每日可支配的自由时间只有 68 分钟。这说明，家长没给独生子女足够的可自由利用的时间。相反，家长却用功课和其他有关学习的活动占满了孩子的时间。

自由支配时间，还意味着孩子具有了热情的实现自我、用创造性的方法表达自我的机会。剥夺孩子的自由支配时间，实际上是在剥夺孩子成长和发展的机会。对城市独生子女的调查表明，有更多自由支配时间的独生子女，自信心更强，并且比自由时间较少的孩子有更强的成功需要。因此，父母们应转变观念，帮助孩子有效地利用时间，发现生活乐趣，展示自己的才华，让孩子成长为具有健康人格的人。

父母该怎么办？

每天给孩子留出可支配的时间。一些父母总怕孩子的时间空下来。当孩子写完作业以后，马上给他安排了画画；刚画完画，还有钢琴。尤其是面对升学考试的孩子，简直就是在不断重复地工作。这样做的结果是，使孩子没有了自己的意志和想法，几乎成了一个机器人，在父母的紧张安排下失去了自我，以至于越来越懒散、麻木和消极。

学习时间和玩乐时间要分开。有的父母总是埋怨孩子写作业太磨蹭，却不知道这些坏习惯可能正是自己给孩子养成的。因为父母经常无限地给孩子加压，使孩子没有玩的时间，复习了这科又复习那科，都复习完了以后还要做些高难的题目，这样做不仅使孩子对所学的科目厌烦，而且容易使孩子养成磨蹭的坏习惯。孩子没有自己可支配的时间，只好采取迂回的办法，以争取可玩的时间。

不能让自由成为一匹脱缰的野马。自由是必需的，每一个人都需要自由，每一个孩子也需要自由，没有自由就不可能有创新，就不可能有民主，就不可能有身心充分的发展。但是自由不是无边无际的，自由是要受到一些制约的。父母有责任告诉孩子有些事情是危险的，规则是要遵守的。因为任何自由都应该和责任相对应，责任、权利相统一，有自由就有义务，有义务你就享有自由。所以每个家庭要给孩子确立一些家规。

相关链接

父母在给孩子自由的时候，同时也要注意约束孩子。但是约束孩子也应遵守一定的原则：

❀清晰目标，具体提要求

你希望把孩子培养成一个什么样的人？你希望他有一个怎样的人生？把你的这些目标细化为日常生活中的各项要求。然后，让孩子清楚你对他的要求，并向他解释这么做的理由。

✳以身作则教孩子

家庭是孩子的主要生活场所，父母的一言一行都会对孩子产生直接或间接的影响，所以父母不仅要在日常生活中指导、训练孩子，自己也要以身作则，做出表率。一个很好的方法是将针对孩子及大人的规则分别列出来，贴在墙上，互相监督执行。严于律己、善于克制的父母向孩子提出要求时，会更具有权威性。

❖宽严并济定规矩

有些父母对提出的要求过严又过频，朝令夕改，使得孩子无所适从，久而久之就疲沓了。而当孩子开始调皮或不遵守这些规定时，就要及时警告或提醒他们，让他们意识到自己的错误并且纠正。让他们知道父母在这一点上是不会轻易让步的。帮助孩子学会克制，学会等待，使他们能在学习中最大限度地发挥天赋，也使他们步入社会后，显得更有礼貌，更受人欢迎。

是不是我做什么都不行

——青春期的认同感

上初中的小敏总是觉得自己的爸爸很严厉，对自己的要求更是严格。有一次，小敏因为马虎做错英语选择题，爸爸就要求她把所有的英语卷子重新做一遍，为的就是让小敏记住教训，避免下次再犯。还有一次，小敏模拟测验得了95分，高高兴兴地跑回家告诉爸爸，没想到爸爸不但没有表扬她，反而说："为什么还差5分？怎么没得100？"

小敏觉得很难过，尤其是当看到好朋友芳芳得到父母的表扬时，更是羡慕不已。她不明白，为什么芳芳没有她的表现好都能够得到夸奖，而自己却只能受责备。小敏开始觉得自己做什么事情都不行，都会犯错。

小敏整天闷闷不乐，在班里也越来越不愿意说话，上课注意力不集中而且考试过分紧张。班主任感觉小敏的情绪不太好，所以就找到她谈心。当老师把小敏最近的表现以及她的想法和感觉告诉小敏的爸爸时，小敏的爸爸吃了一惊。他一直认为对孩子要求一定要严格，如果从小不严格，长大后就会没有规矩。学习也是如此，初中的基础没打好，会影响高中甚至上大学后的发展。

孩子为什么会这样？

小敏爸爸的想法并没有错，规则确实需要从小建立，学习习惯也需要从小养成。但是如何建立和养成呢？严厉苛责并不是唯一的方法。小

敏爸爸的初衷显然是好的，但是这种方法并不能被孩子所理解。

❋ ❋ ❋ ❋ ❋

所谓自我认同，即个体依据个人的经历所反思性地理解到的自我。它并非与生俱来，需要在成长过程中慢慢形成。处于青春期的孩子对于自我认同感的形成与外界反馈存在密切联系，因为，此时孩子的理性思维能力和对事物客观评判的能力尚未充分发展，他们对自己行为判断的重要标准就是他人的评价，尤其是最亲近的人的评价，比如父母。

经常得到父母肯定的孩子会感觉自己是有价值的、被喜爱的；反之，如果孩子从父母那里得到的只有批评，那么他就会认为自己是不好的、没有能力的、不被喜欢的，进而导致自卑、怯懦、退缩等心理行为问题。因此，适当地表扬对于孩子自尊、自信和自我认同感的建立具有积极而重要的作用。

父母该怎么办？

每个人都希望得到认同和肯定，处于青少年时期的孩子更是如此，家长的表扬和鼓励对于孩子来说，无疑是极好的推动力。当孩子的良好行为被肯定时，他们就会倾向于再次表现这些行为。这也就是为什么我们会说"好孩子都是被夸出来的"。家长的赞扬会使孩子感觉到父母对自己的喜爱、认同和接纳，这不但有利于帮助孩子建立自信，还会增加孩子的安全感。当然，这并不是说要忽视孩子的不足，过度赞扬同样可能导致孩子的行为问题。所谓"赏罚分明"，孩子做得好的地方就应该肯定，做得不足的地方需要家长指出并帮助孩子改进。

相关链接

孩子进入青春期的时候，70%左右的孩子处于"认同感混乱"状

态，他们不知道自己的未来方向是什么，他们不去思考或者没有能力思考这类问题；30%左右的孩子则处于"提前结束"状态，他们以为自己已经明确了未来的方向，但实际上没有经历过思考过程，把父母的安排误认为是自己的决策了。

进入青春期后，部分孩子开始主动思考这一类问题，思考人生的价值，寻求合理的答案，这称为"延缓偿付"状态。这个过程是十分困惑的，甚至是内心痛苦的，所以，有心理学家称这种状态下的孩子是处于认同危机之中。孩子内心痛苦的程度与是否长期处于这个状态之中有关，如果很早就开始思考，却迟迟得不到答案，就会产生强烈的痛苦感，而且出现自尊水平下降、亲社会性表现减少、外在表现还不如青春期前时的情况。当这种痛苦很强烈的时候，孩子会急于摆脱，因此可能胡乱选择自己的人生，甚至走上反社会的生活道路。

当思考获得结果以后，孩子想明白了人生的价值，确定了生活的目标，对自己有了明确的定位，这就称为"认同感获得"状态，困惑消失了，心情也轻松了，孩子也就成熟了。

可以看出，认同感获得状态，是最没有心理障碍的状态；提前结束的状态，暂时不会有问题，但很可能迟早会进入延缓偿付状态；认同感混乱状态，孩子的心理一般不会有严重问题，但情感冷漠，对未来无动于衷，也是一个不利于发展的状态；最后，延缓偿付，是进入认同感获得状态的必经过程，但也是一个心理脆弱的过程，如果这个过程时间太长，会发生严重问题，这时就需要外界帮助了。

学不学习都一样

——别让孩子失去上进心

圆圆马上就要中考了，可是圆圆都总是不紧不慢地看着漫画书和一些妈妈认为乱七八糟的书，而且一看就看到深夜，就是不肯认真地去复习功课，对待中考也是一副不紧不慢的样子。

一次考试分数下来了，圆圆在班级排名倒数第几，更不用说年级排名了。妈妈一气之下把圆圆的课外书全部扔了，结果圆圆还是不学习，躺在床上一副冥思的样子。妈妈问圆圆到底怎么想，圆圆回答说："学不学都一样，反正考不好就到一个烂一点的高中上学，一样也有书念。"

圆圆的妈妈听圆圆说出这样不求上进的话，既伤心又生气，不知道圆圆为什么会这样不在乎。

孩子为什么会这样？

孩子的上进心是和自主性、自信心紧密联系的。没有上进心的孩子往往表现出依赖性强、安于现状、好奇心不足，对自己缺乏信心。

✾ ✾ ✾ ✾ ✾

造成孩子上进心不强的原因，在一定程度上与家长不恰当的教育方式有关。比如，孩子表现出的对新鲜事物的好奇及试探行为，得不到父母的爱护和扶植，孩子自作主张的行为违反了父母的要求而备受斥责，孩子坚持己见而受到父母的挖苦、嘲笑等，都有可能使孩子出于自我保

护的本能而采取退缩的态度。在孩子取得成绩不能及时得到父母认可时，在遇到失败不能及时得到父母恰当的鼓励时，在孩子受到过分保护，不需费多大的劲就得到自己希望的"成功"时，也容易使孩子不能正确评价自己，因而丧失上进心。

父母该怎么办？

帮助孩子制定作息时间，制定具体学习计划。父母可以帮助孩子把相对薄弱学科的基础知识复习安排在孩子课余时间复习一遍，再把考过的一些试卷的难题重做一遍。白天让孩子跟着老师的节奏认真学习，晚上回来结合具体情况帮孩子复习。同时，对这样的孩子父母要看得严一点、逼得紧一点。

在适当的时候，多给孩子讲一讲自己在人生的挫折和艰难困苦面前，是怎样面对困难和挫折的，又是怎样战胜困难、超越挫折的。因为孩子毕竟年龄还小、阅历少，对于创伤和挫折很少经历，甚至还没有经历过，这个时候父母就是他的镜子和榜样。父母多向孩子谈及这些，势必会对他产生积极的影响。

父母要明确地告诉孩子，现代社会的一个最大特点就是竞争激烈。激烈的竞争是不同情弱者的。如果在激烈的竞争中自我退却、自我放纵，那么在未来的生活之中不仅会导致挫折和痛苦，而且有时候还可能是自我毁灭性的。

对孩子的需求要延迟满足。比如父母要反复强调，如果自己不努力拼搏，凭自己的努力无法上好学校，是不会想办法帮助孩子上学的，从而打消孩子"我现在是躺在地上吃果子，我感觉自己很伟大，不好好学还能考这么多分，考得烂就上烂学校，我肯定有学上"的心理。

在必要的时候告诉孩子：做最好的自己。只要孩子尽到了自己最大的努力，不管结果如何，做父母的不仅不该责怪，而且应该理解孩子。同时，当孩子在学习和生活上有进步的时候，要不失时机地给予表扬和夸奖，这样可以更进一步地促进孩子向上追求的自信心。

父母要让孩子明白"学生"这一词的真正含义。所谓"学生",就是学习生活、生存和发展的技能技巧。要生活、生存和发展,必然会面对无数的艰难困苦和挫折。人生本来就是由无数的艰难困苦和挫折的珠子相串而成的,要在这个世界上幸福地生存,就必须学会在各种艰难困苦面前"不服输"、"搏一下",要有"不到最后我是决不放弃"的决心和坚持。

如果在学生时学不会这些,那将来该如何去面对未来漫长的人生呢?路是自己走出来的。每个人都有自己特殊的天分,只要努力在学习生活、生存和发展的过程中,学会了勇敢面对各种困难和挫折,那么就会在未来拥有愉悦、快乐、幸福和爱的人生。

相关链接

上进心,就是努力向前,立志有所作为的一种心理品质。孩子的上进心,实际上就是一种积极进取的动机。有的孩子就缺乏这种动机,究其原因,大致有如下几种:

❀爸爸、妈妈的挫伤

孩子原来有上进心,但是父母对他的上进心不屑一顾,甚至言辞中常露出讽刺、挖苦之意,这样使得孩子的积极性被打击,有的干脆就放弃了努力。

❀家庭环境的影响

有些家庭中,爸爸,妈妈本身缺乏上进心,工作不思进取,生活上平平庸庸,更忽视孩子情感与智力方面的需要,对孩子没有明确的行为指导和要求,极少和孩子谈话、游戏、讲故事,这都压抑了孩子的上进心。

❀孩子自身的问题

孩子年龄较小,生性好玩,不能对自己作出正确评价,不能自我调节、自我监督,因此,不能自我教育、自我激励。

那么，怎样才能较好地激发孩子的上进心呢？

家庭环境的单调、呆板，限制了孩子的一些良好品质的形成和发展，家长一定要支持孩子参加集体活动，教育孩子关心集体，让孩子在集体活动中赶超先进，激励孩子的上进心。

家长可以用自己对事业的进取精神去影响孩子，对孩子产生积极的潜移默化的作用。孩子的一言一行绝大部分是模仿得来的，父母的言行影响着孩子。因此，父母及家庭其他成人必须从自身做起，用自己积极上进的言行影响孩子，这样比简单的说教更为有效。

对孩子提出合理要求。俗话说："严是爱，松是害，不管不教要变坏。"只有使孩子在家庭生活中，既感到父母的柔情与温暖，又感受到父母严格要求自己的拳拳之心，父母的教育才能产生巨大的激励作用。

我怎么总想这件事

——当心孩子得了强迫症

初三的童童，越来越憔悴了，甚至开始失眠，上课精神也不集中了。童童的妈妈说，她对童童从小要求就严，而童童也很听话，成绩一直名列前茅。

但是在上个月的一次模拟考试中，童童的成绩不理想，身为中学教师的父亲很不满意童童的成绩，就训斥了童童，让他必须努力学习，否则就考不上重点高中。

此后，童童就开始担心自己考不好怎么办？上不了重点高中会怎么样？童童一直想这个问题，上课想，下课想，从此一发不可收拾。童童说："自己的脑子似乎没有停止过，接连不断地出现各种奇想：想宇宙是怎样出现的；走到路上看到树，就想这棵树倒了会不会砸着人；看到别人骑自行车，就想会不会摔下来……"无休止的想法困扰得童童痛苦不堪，他也知道没必要去想，但控制不住自己。现在，他对学习已没有一点兴趣，甚至对生活也失去兴趣。

孩子为什么会这样？

童童现在这样不停地在想一个问题，甚至已经干扰到了自己正常的生活，是患上强迫症的表现。而童童患上强迫症的原因是学习压力太大，如：父母对孩子过分苛求，或受惊吓、受批评，精神长期处于过度的紧张状态，精神负担过重，这些诱发了孩子的强迫症。

当代社会，家长们望子成龙心切，总希望自己的孩子能够超过自己。原因是自己一辈子没有特别的成就，便把所有的希望寄托在孩子身上，希望孩子实现父母无法完成的梦想。于是，父母就不断地督促孩子学习、学习、不停地学习，生怕孩子落后于人，考不好成绩，上不了重点高中、重点大学。

可是，孩子却不会感激父母的一片好心，反而会产生一种对父母的怨恨心理。父母种种严厉要求、过分目标会让孩子产生一种明显的后遗症：强迫症！

父母该怎么办？

对于有患上强迫症迹象的孩子，家长要及时对孩子进行心理干预，找出孩子的心结所在，从根本上帮助孩子解决问题。同时，家长要对孩子的管束放松，不要用努力学习、升学考试等问题给孩子施加压力，这样只会加剧孩子强迫自己不断地学习。

父母要改变自身的想法，给孩子“减压”，不要只注重分数而忽略了孩子的心理健康发展。多带孩子到外边去散步、旅游，缓解孩子因为学习而绷紧的神经，同时多注意和孩子进行沟通交流，认真仔细地倾听孩子的想法，并尊重孩子的意见，给孩子一些自己自由空间和可支配的时间，让孩子体会到自己做主的快乐。如果孩子得了重度强迫症，则需要带孩子到医院进行专门的心理健康治疗。

相关链接

强迫症患者的主要特征：

过度小心谨慎。

凡事过于专注细节、规则、顺序等。

高度责任感、常自责。

完美主义。

僵化与固执，无法应付环境突然的改变。

我就是喜欢上网玩游戏

——孩子患上 "网络综合症"

"我喜欢上网，特别喜欢打网络游戏。"这是15岁的晓融说的。而晓融的妈妈听到这句话，则是更加担心了。晓融的妈妈为什么会这样担心呢？

"晓融的成绩不错，上学期期末考试，晓融考得不错，我们就奖励晓融，在暑假里给他买了台电脑。不料给他买了台电脑后，晓融除了吃饭、睡觉，每天都呆在电脑面前，不是聊QQ就是打游戏。天天沉迷于电脑中，玩网络游戏影响了晓融的学习不说，他的视力也严重下降了，叫我怎么能不担心。"晓融的妈妈无奈地说。

现在，晓融的妈妈只能严格控制晓融的上网时间了，因为妈妈害怕把电脑没收后，晓融会跑到附近的一些网吧上网，后果会更加严重。

孩子为什么会这样？

孩子之所以沉迷于网络游戏，原因很多，大致可概括如下：

第一，处于动青春期的青少年敏感性最强，往往将网络游戏作为兴趣，当做消遣的玩具来弥补现实生活中的缺陷，而网络游戏恰好成了回避现实问题的最佳去处。

第二，家长与孩子沟通疏远，现实与理想差距越大，网络沉迷倾向就越明显。

第三，家长对孩子的学习十分关注，却忽视孩子精神的需要，对孩

子事情一味包办等都是导致网络沉迷的原因。

第四，学业压力过大，课余生活枯燥，人际交往困难，也是网络沉迷的关键因素。孩子始终把网络作为自我发挥，精神支撑的出口，希望在网络游戏中重新自我定位，寻找生活中没有的成就感和归属感。

总之，在很多患网瘾孩子的治疗中，存在一种"假网瘾"的现象。不少孩子并不是真正迷恋上网，症结往往是厌学、逃避压力和亲子沟通出现障碍。

❈ ❈ ❈ ❈ ❈

网络逐渐成为中国青少年生活的一部分。有些青少年因为沉迷网络而荒废了学业，令家长和学校非常担忧。这正在演变成一个被大多数人所关注的社会问题。那么，家长怎样才能有效地预防孩子不会沉迷网络呢？

父母该怎么办？

青少年上网确实存在不少的社会问题，有的孩子因为迷恋网络荒废了学业，有的孩子因为受到色情暴力网站的诱惑而走上违法犯罪的道路，还有的孩子在网上聊天结识图谋不轨的人而使身心受到伤害。诸多的上网问题，令不少家长对"网"望而却步，强制限制孩子上网。可是要知道网络虽然有弊，但网络也承载着丰富的信息，能提供给孩子广博的知识，给孩子的生活学习带来很多有益的影响。作为新时代应用于多种领域的工具，让青少年远离网络，那是不可能的。那么，该怎样科学、合理地引导孩子上网呢？

首先，应该尊重孩子的兴趣。不要武断地认为孩子对网络的迷恋，是没有一点益处的、是低级的，这样只会令孩子产生强烈不满。父母管教孩子之前，要先考察清楚再下判断，网络对培养孩子冒险精神、动手能力、自我意识等都有帮助，不能笼统地说网络是有害无益的。

其次，大人要多花点时间与孩子商讨上网时间分配的问题。同时也要留意孩子浏览的网站是否是健康的，有没有暴力、色情内容，需要的时候，可以向老师寻求协助。

　　再次，父母应该善于将网络"净化"成同孩子沟通的工具。不妨试试先跟孩子一起玩，了解孩子玩电玩或上网时得到的乐趣，当孩子觉得父母尝试接纳自己，有诚意了解自己后，父母再慢慢与孩子分析沉迷网络游戏或上网的得与失，让他们好好思考一下，毕竟要改变孩子的行为，应先让他改变对整件事的看法！

　　此外，要重点培养孩子的自制能力，让他们养成在任何娱乐中都不忘乎所以，有所节制。如果孩子沉迷于网络太深，家长可以用其他娱乐活动来引导孩子从其他娱乐中找到快乐，比如带孩子出去旅游、玩玩棋牌游戏等。

　　孩子上网成瘾的问题如今已经成为家长关注的热点，很多中小学生乃至大学生因为迷恋网络、耽误学习，甚至酿成悲剧。但无论怎样，网络是一把双刃剑，我们不应将网络视为洪水猛兽，而是应积极引导，将网络与孩子的日常生活学习联系起来，让网络成为促进孩子学习的强大工具。

相关链接

❀第1步：相似接纳法

为了取得有"网瘾"青少年的信任，家长最好对热门的网络游戏都会几招，了解各种最新信息，陪服务对象一起去网吧玩。只有取得他们的认同，才能真正了解他们，找出他们沉迷网络的真实原因。

✳第2步：危害认识法

意识到"网瘾"的危害，才能产生"脱瘾"的意愿。每个人网络成瘾的原因都不一样，所以一定要找准切入点，击中要害。

◈第3步：递减控制法

戒网瘾是一个过程，莫急于求成。第一周，每天上5小时网；第二周，每天上4小时网。如此递减，直到减少到不影响自己的正常工作生活为止。

◈第4步：地位替代法

网络成瘾，往往因为可以在虚拟世界中获得现实生活无法体会的满足感。组织各种活动，让"网瘾"者多参与。不时给予他们各种鼓励，让其在现实生活中获得肯定。

◧第5步：改变环境法

改变"成瘾"少年所处环境。让家长也认识到孩子上网成瘾中家庭存在的问题，使家长多用鼓励的方式与孩子沟通，达到联动的最好效果。

不要乱动我的东西

——别动带锁的日记

"我的孩子上初中了，有了自己的空间。可是作为家长，我总希望能了解孩子的想法，所以有时我会偷看她的日记，查看她的短信内容，查看她上网聊天的内容。"这是一位出于"关心"而犯错误的母亲说的话。

"当发现妈妈偷看我的日记时，我感到愤怒。其实我的日记里并没有什么见不得人的内容。虽然妈妈是最亲的人，但是我觉得她侵犯了我的隐私，我觉得这是对我的侮辱。所以，我把自己的日记锁上了，不让妈妈再有偷看的机会。"这是那个被母亲偷看了日记的女孩所发出的"反抗"。

孩子为什么会这样？

日记是一个孩子的心声所在，孩子的秘密也逐渐地多了起来，所以这个时期的日记，就成为孩子心理方面的重要记录。当自己的孩子慢慢长大时，孩子就有了一定的隐私，可生活中的许多父母，习惯了对孩子过于保护和包办一切的教育方式。有的父母因发现孩子对自己有所保留，竟千方百计地翻看孩子的手机短信和日记，然后把其中的一些内容当做孩子"错误行为"的证据，拿去指责孩子，伤了孩子的自尊心。这样做只会关闭了孩子和父母之间沟通的渠道，失去了孩子的信任。父母关心孩子的心情可以理解，但这种过度保护、过度干涉，严重侵犯孩子隐私的做法是不妥的。

"我最讨厌的事情，就是爸爸、妈妈偷看我的日记、偷听我的电话。我觉得他们看我就像看贼一样！这样下去，我觉得自己和他们的隔阂越来越大，甚至不愿意和他们交流了。"一名初二学生经常和同伴之间交流父母偷看日记的苦恼。

❋　❋　❋　❋　❋

　　青春期的孩子在生理和心理上都发生了一系列特殊的变化，一个很重要的特点就是自我意识高涨，内心世界逐渐丰富起来，而他们此时的日记也不同于小时候的日记，他们会在日记内表达自己的真实思想，并将其作为绝对的秘密。

　　由于独立意识、自我意识的增强，他们开始要求独立，要求别人尊重，希望脱离对父母的依赖。而父母此时却更想了解孩子，或是对孩子与自己若即若离的距离有些不满，总想了解孩子、监视孩子，这越发引得孩子对父母的行为产生厌恶，更易发生冲突和矛盾。

父母该怎么办？

　　处于青春期的孩子心理上的成长是比较艰难的，对于父母来说，又何尝不是一个考验呢！这个时期的孩子几乎反叛一切，急于摆脱父母的"束缚"。这无疑会使父母感到失落，他们渴望了解孩子，渴望继续对孩子实行保护，因此，他们千方百计地要了解孩子，想办法搞清楚孩子的"隐私"。可就在这种探究"隐私"的过程中，往往又会产生很多新的矛盾。那么，为人父母到底该怎样看待和对待孩子的隐私呢？

　　首先，顺应孩子的成长规律，积极调整自己的心态。父母对于孩子的隐私，应该允许他们有所保留。不能采取"间谍式"的手段去了解孩子的隐私，不应随便翻看他们的日记或私拆他们的信件，因为隐私是人人都有的，孩子也不例外。做父母的可以换位思考一下，如果自己的隐私被亲人偷窥了，自己是不是也会难堪气愤？因此，即便很想了解孩子的内心想法，父母也一定要克制住冲动，不要采取偷看或干预孩子隐私

的办法，否则将会适得其反。因为如果你没有充分表现出对孩子隐私的尊重，孩子当然也不会从内心尊重你，这样一来，与孩子的隔阂很可能越来越大！

其次，了解孩子的"隐私"，不是靠"偷看"，而是应该采取一些合理的方法。当孩子有了自己的爱好、理想、异性朋友，应该增加理解，循循善诱。父母平常只要细心观察孩子的动态，就可以看出孩子的思想变化，然后根据孩子的性格、爱好和特长，采取相应的措施，即可引导孩子明辨是非。要知道，孩子心中有秘密是很正常的事，没什么值得大惊小怪的，父母应以理解和宽容来对待他们，不要苛求孩子把什么都告诉你，允许他们有自己的"自留地"。

此外，要注意和孩子做朋友。父母应多与孩子谈心，这种谈心不是父母和子女间遮遮掩掩的对话，而应是热诚的平等交流，让孩子主动坦露心扉。

相关链接

学生中流行着这样一句话：防火防盗防父母。有的学生每看完短信都赶紧删除，有的在自己的日记本上加锁，有的还特意准备两本日记，一本写点无聊的东西，然后放进抽屉里专门让父母偷看，另一本则写下自己的真心话，收藏在隐蔽的地方……显然，父母们与自己孩子之间出现了沟通的"鸿沟"。

在生活中，成年人总是强调他们对孩子应该行使的保护权，而孩子总是抱怨父母不尊重他们的个人隐私。其实，对孩子们来说，他们希望能拥有一方真正属于自己的空间，来自由飞翔和探索。家长们不妨以护航者的身份，引领他们高飞。试一试，与他们打成一片总比与他们怒目相向要好得多。

喜欢周杰伦，有什么不好

——年轻的小·粉丝

"我们家孩子每天都嚷着要看周杰伦的演唱会，真搞不懂他怎么想的。"唐娜的母亲向朋友诉说着女儿追星的疯狂，"每天哼哼唱唱的都是那些听也听不懂的歌，买的辅导书都不怎么看。"

"我爱周杰伦！"这是唐娜最喜欢说的一句话。见到这个活泼的15岁女孩后，唐娜妈妈的朋友问她为什么喜欢周杰伦。她立马反问道："你没有听他自弹自唱《菊花台》吗？"

一旁的母亲见状，连忙阻止："你看这孩子，追星追到礼貌都没了。"

"我就是喜欢听他唱歌，特别酷，而且他还特别有绅士风度，勇敢，淡定，沉稳……"

这个15岁的女孩，快乐地用一连串美好的词形容着她的偶像周杰伦，这个她母亲一点也不了解的人。

孩子为什么会这样？

在人生活中，我们总会看到一些孩子崇拜某某明星、崇拜某种时尚，或是"哈韩"、"哈日"等，孩子为什么会这样？其实，崇拜明星，是孩子的个人心理发展到一定阶段的产物。

孩提时代，孩子心中的偶像就是身边能够直接影响自己的人，如父母、亲人、老师、同学等。不过，孩子的崇拜对象会随着所受的教育而改变，比如给孩子讲英雄人物的故事，讲得多了，孩子就可能会对这种

英雄人物产生敬仰崇拜心理。

可是随着年龄的增长，现实逐渐让孩子开始意识到父母的平凡和英雄传奇人物的遥远，他们的生活中充斥着经过精心包装而在媒体上大肆宣扬的明星的完美形象，这些人既是活生生的现代人，又可以经常通过媒体了解其情况，真实而贴近。因此，他们很容易着迷于此，处处模仿，时时关注，把明星或某种潮流当做自己追随和崇拜的目标，成为追"星"一族、哈××一族……

还有的孩子可能是受同学、朋友的影响，不由自主地加入了追星的行列。

也有的孩子只为追求时尚。因为"追星"在很多孩子看来，是件时髦的事，至于有没有道理、有没有价值，何必管那么多？只要有"星"可"追"就足够了。这样的孩子，偶像对他们的激励作用也是最小的。

青春期的孩子对追星乐此不疲，是一种比较正常的心理需求和行为表现，其实父母也没必要过多干涉，想想我们从前一定也有大家都崇拜的对象，只不过现在的孩子表达得更为开放、热烈一些而已。所以，孩子的追星只要不出格，不对孩子的身心健康产生危害，就没必要过多干涉，可以给孩子适度的引导。

❋ ❋ ❋ ❋ ❋

追星是十几岁青少年的普遍心理，狂热地追星，其实就是青少年心智尚未成熟的表现。我们经常在报纸上看到这样类似的报道：某些中学生把自己心中偶像的生日、血型记得一清二楚，而对父母的生日却一无所知。迷恋明星到这程度，的确有些过分，这一方面是青少年的狂热心理在作怪，另一方面是由于家长和老师缺乏正确引导。

那么，做为孩子的家长，该怎样对待孩子追星这一现象呢？是听之任之、一味纵容，还是不分青红皂白、一概禁止？

父母该怎么办？

追星这一现象，只要能正确引导，不仅不会对孩子的成长产生坏的影响，反而更有利于孩子的成长。六十年代的人多崇拜英雄，英雄人物身上那勇敢、刚强、不屈不挠的精神对那一代人产生了重大影响，对他们成人之后的品格塑造也起了很大作用。七八十年代以后出生的人多崇拜影视、歌坛明星，可他们多数只看到明星那显而易见的光环，而看不到明星背后所付出的艰辛。做家长的，在这个时候就要加以引导，让孩子多吸收明星身上的优点。

做家长的应该告诉孩子，明星之所以能成为明星，一方面是因为机遇，另一方面则是他们付出了艰辛努力。前者并非人人都能遇到，而后者却是经过拼搏有可能达到的。例如成龙，他年轻时本是一个演配角的小人物，可他有种不服输的精神，好莱坞多年摸爬滚打的生涯，才造就了今天的一代巨星。不仅仅是成龙，好多明星都不是一夜成名，而是这样一步步磨练出来的。孩子追星，做家长的就应该从这方面加以引导，让孩子多学习一下明星勇于拼搏、不甘服输的精神，而不是只看到明星现在风光一时的场面。

做家长的还应告诉孩子，明星也是人，既然是人，就有七情六欲，就有爱恨情仇。在生活中，他们同普通人一样，也有显而易见的缺点，同时，他们同普通人一样，也有令人称道的优点。比如，刘德华就是一个热心公益事业的慈善艺人，梁家辉因为忠心于他的结发妻子而令人赞赏。做家长的，应该引导孩子多学习明星身上的优点，而不是去模仿明星身上的恶习。

做家长的还应告诉孩子，明星之所以能成为明星，还需要上天赐给他们的天赋和机遇。做为普通人，是难得有这份天赋和机遇的，与其苦苦地追逐一明星，不如脚踏实地地搞好自己的学业，培养自己的一技之长，为自己将来在社会上有个立足之地打下良好的基础。

相关链接

　　父母如果想帮助孩子，引导孩子正确"追星"，首先就是要了解一下青少年偶像崇拜体现出的一些特征。

　　理想化——青少年把其偶像及其特质想象得完美无瑕，把他看成是世上最完美的人物。

　　浪漫化——青少年对偶像产生浪漫的幻想和依恋，这种浪漫情怀会使青少年沉湎于对其偶像的种种情爱遐想之中，甚至以此梦幻自己的爱情生活。

　　绝对化——青少年对其崇拜偶像投以绝对的信任，对偶像采取一种近似狂热追逐和迷恋，容不得他人有不同的见解。

　　青少年通过偶像崇拜，发展了属于这个群体的诸如疯狂、投入等特质。与此同时，偶像崇拜常常削弱青少年的自我约束机制，产生超越于社会行为规范的行为方式，诸如冲动、破坏、超脱等行为表现。

　　青少年的偶像崇拜还表现出三个行为特点：冲动性心理活动倾向、超现实的情感体验、过度的行为反应。在偶像崇拜过程中，往往情感成分胜于理智成分，过于激动、兴奋和不由自主的情绪体验不足为怪，超越社会行为准则的行为反应也时常可见。

　　应该注意到，偶像崇拜对青少年的影响主要在于个人内在满足，如心理满足、情绪分享等，而不仅仅只是一些外在的表现。而由于受多元文化和多元价值观的影响，青少年的偶像崇拜表现出明显的离散性，也就是说，在青少年普遍存在偶像崇拜的情况下，崇拜的具体对象相当宽泛。

　　从性别特点来看，女性比男性具有更高比例的偶像崇拜，她们对崇拜的偶像也更为痴迷。这或许与女性较强的依赖心理、更敏感和细腻的情感体验、相对较早的性生理和性心理发展有关。

这样穿才有个性

——孩子也喜欢"我型我秀"

耳朵上有一个耳钉，穿着磨破了的肥大的裤子，脚上套着大一码的鞋，家辉就以这样的装扮迎接了初中最后一个暑假。看着家辉这样的穿着，家辉的爸爸觉得自己老了很多。

惠子虽然平时穿着校服去上学，但是却不肯让自己的衣服变得那么平凡，她动手把自己松松散散的校服袖口改成紧身的。校服的上衣也别了好多别致的小徽章，上衣背后也被惠子画上了很另类的涂鸦……就这样，原本一件普通的不能再普通的校服就被惠子修改改成了一件时髦的衣服。她的同学看到惠子这样有创意，也学惠子的样子把自己的校服给大改造了一番。于是，一到了放学，惠子所在的班级就涌现出了好多另类又好看的校服……

孩子为什么会这样？

染黄的头发、面口袋似的裤子、松糕鞋、耳垂上越来越多的饰物……另类打扮在一些青少年中越来越流行。而真正认可这群标新立异、另类打扮的孩子的人非常少。

青春期的孩子穿着打扮另类，不足为怪，究其心理，无外乎以下几种：

首先，青春期的孩子为了表明他们和成年人之间的距离，为了证明他们的独立，专门选择那些能激怒成年人的衣服：带洞的裤子，拆掉了

袖子的毛衣，紧身服等。

其次，青春期的孩子穿着另类，可能是竭力想使自己与众不同。青春期的孩子具有非常强烈的自我意识，强调自我，表达自己与众不同的特性，而标新立异的服饰正好给提供了他们展示自我的舞台。并且这种标新立异的穿着打扮不仅仅可起到将他们同其他人隔离开的作用，还能将他们与同龄人联结在一起，他们借此表达某种立场："瞧瞧，我就是一个热情、调皮的人……"

还有的孩子可能是受别人的影响，如同学、朋友的影响或是受"时尚流行"的影响等，处处表现出自己是个"时尚分子"，自己在引导"时尚"、"潮流"。这是一种虚荣心的表现，他们希望通过服饰上的特殊来吸引别人的注意，得到别人的好评。

其实处于青春期的孩子，身体迅速发展并达到成熟，但是心理发展却跟不上生理发展的速度，具有很多矛盾性。他们想与众不同，想标新立异，想得到别人的认同，想让别人尊重自己，因此，在他们身上就出现了一系列的不合乎情理的作派，衣服怪异，打扮怪异，追求怪异。但这种怪异会随着年龄的增长而消失的，父母应该理解青春期的孩子，多给些赞美和关怀，青春期是个脆弱敏感的年龄，孩子的心真的很容易受伤。

❖ ❖ ❖ ❖ ❖

根据一项调查发现，青少年对另类打扮看不惯的占了 24.1%，无所谓的占了 69.6%，很想模仿的人只有 6.4%。实际上，无论是另类打扮的青年人，还是他们周围的人，对此打扮都有失真的认识。

父母该怎么办？

了解了孩子追求穿着个性的心理，我们就应该给予理解，并恰当地进行引导：

首先，大人要试着理解孩子的身心发展，并恰当地调整自己养育孩

子的方式。父母应适当地给孩子一些自主权，对孩子的意见表示理解、同情，但是又不能完全同意他们过于偏激的观点。

其次，注意培养孩子的气质。平常教育孩子要注重内在的修养，要让孩子明白，要成为一个真正美丽的人，不仅仅在于外表的魅力，更在于心灵的充实、头脑的灵活。

此外，可以给孩子进行适当的审美教育。让他们明白衣服紧绷绷地箍在身上，再配上硬皮鞋、高跟鞋等，不方便学习和身体发育；蓄长发不便于清洗，有碍身体健康；市场上名目繁多的化妆品，多数含有有害的化学成分，对人的机体发育不利。让孩子明白，时尚的并不都是美的。

大人还可以引导孩子发展多种爱好，让他们把注意力从着装打扮转移到发展自己的爱好上去，让他们结交志同道合的朋友，从而忽略对奇装异服的关注。

相关链接

青少年的着装礼仪：

※服装要搭配和谐、得体

着装时，应注意上装和下装的搭配，衣服和鞋的搭配，衣服和帽子

的搭配，衣服和背包的搭配等。如：穿运动装时应搭配穿运动鞋，而穿西服或礼服时应穿皮鞋。同样，穿正装时不应佩戴运动帽、不应背运动包，这会让人看起来觉得滑稽可笑。

❋着装首先要讲究整洁

衣服要干净，扣子要扣好，鞋带要系牢，掉落的扣子及时缝补，鞋要保持洁净无尘等，这些细节最能看出一个人的文明习惯。

❋注意着装的场合

在家可能着装相对舒适随意些，如遇有客人来访，一定要换装，且绝对不能穿背心、睡衣、拖鞋出入公共场所。

❋任何时候都不可在公共场所随意脱鞋

夏天天气热的时候，有的同学把鞋脱下来踩在脚下，有的把鞋半吊在脚上晃来晃去，这些都是极不文明的行为。

◉尽量不要在衣服口袋里放置物品，特别是贴身的衣服

很多人习惯把钥匙、卡、笔等物品放在兜里，这样不仅影响服装的美观，还会影响活动，甚至可能会发生危险。

❋不随意佩戴其他饰物

校徽是学生的标志，红领巾是少先队员的标志，在学校里应自觉佩戴校徽和红领巾，并保持校徽和红领巾的洁净，珍惜学校和少先队的荣誉。手链、项链等不合学生身份的饰物不应佩戴，女同学佩戴发卡等必要饰物，要注意款式，注重实用、安全。

凭什么听你们的

——解读青春期逆反心理

　　小森在小学四年级之前都还算是个听话的孩子，虽然有时也会任性一下，但都特别会关心那些经济有困难的同学。后来，小森的爸爸做生意赚了大钱，家境日益富裕，十年前就已经买了小车，建起了别墅。夫妻俩为了充分满足孩子的要求，当时就买了一台最时髦的家庭游戏机。由于平日小森的爸爸工作忙，有时几天都不照面，更不用说是和孩子沟通了。教育孩子的事自然就都落在小森的妈妈身上了，而她的教育方法就是呆板地说教或发脾气打骂儿子。

　　小森升上初中后，小森对妈妈的唠叨很反感，开始顶嘴、说谎话了。后来，小森则经常开小差，无心学业，成绩下降。因为小森习惯大手大脚地花钱，班上的几个无心上学的也就整天跟着小森出入，恭唯他花钱、喝啤酒、打电子游戏机、结交女友，甚至出外过夜、离家出走等。眼看儿子快初三毕业了，小森的妈妈急得不得了，想尽办法来教育他，打也打过了、关也关过了，还请做公安的同学来帮忙，为了挽救儿子，她什么办法都找遍了，可就是于事无补……

孩子为什么会这样？

　　"唉，这孩子，为什么越来越不听话了？"、"现在的孩子没法管了……"这是许多父母经常发出的感叹之言。是的，孩子的任性和叛逆是现在许多家长十分头疼的事情。许多家长总是很诧异，为什么孩子在

小的时候吃饱喝足了什么事也没有，孩子越大，满足得越多，孩子要求也越多。到了一定程度，只要稍微不满足孩子的要求，他们就跟父母对着干，无论怎样教育，都毫无成效。这是什么原因呢？

当孩子从懵懂无知的孩提时代进入青春期后，最明显的标志就是独立意识的增强。孩子的叛逆心理也并非像父母所想象的那样——故意和父母对着干，也不是孩子越大就越不听话了。从某种程度上来讲，孩子的叛逆行为，其实也是一种渴望独立的信号。

到了这个时候，他们不再对父母的话语"唯言是听"，而是渐渐地有了自己的想法，并能根据自己的经验做出相应的判断。这时候，如果做父母的不懂得及时沟通、及时了解，仍然凭借自己的人生经验，依照自己的想法去教育孩子，把他们当做一个什么都不懂的人，就很容易使孩子听不进去，也很容易使孩子滋生逆反心理，从而使矛盾不断升级，变成和父母对着干了。

❋ ❋ ❋ ❋

一般人都承认孩子的叛逆是人生必经的过程，这就好像毛毛虫不经过破茧而出就无法变成美丽的蝴蝶一样。然而，对待自己孩子的叛逆，家长们大多不能像对待毛毛虫那样宽容：能够同情他的挣扎，期待他的成长。家长们反而觉得万分苦恼，深怕这种叛逆，不只是打破了成人惯有的权威，更能打破成人世界既有的秩序，于是就有了"面对叛逆的孩子怎么办"的问题。

父母该怎么办？

青少年时期有逆反心理，这很正常没有必要过于担心，如果这个时期的孩子对家长的任何建议都持抵触情绪，那首先要担心的是家长的沟通方式问题。**青少年时期正是建立自身价值观的时期，家长应该首先明白没有哪一种价值标准是绝对正确的，所以应该尊重孩子个人的价值取向。**如果父母觉得孩子想法不对也没有必要强行灌输，因为这个时期已

经不再是儿童期那样孩子对家长有一种崇拜意识，父母应该尽可能地告诉孩子有哪些人持有哪些价值准则，这些人又处于怎样的环境，再告诉他你所持有观点，至于他应该怎么做那是他自己的事情，应该由他自己解决。

如果父母自己就表现出多元化的思维方式，那么孩子也能理解他应该对你的建议采取何种态度；而如果父母是一种极端思维的表现方式，那么父母的潜台词就是："孩子，你别无选择"。越是唯一的答案，孩子就越不会相信你。

很多时候，父母必须超越自己的角色，从第三者的角度观察孩子叛逆的问题。也许，问题不一定在孩子身上。父母一般都会认为自己是对的，自己从前都听父母的，所以自己的孩子也该听自己的。孩子不顺从，在他眼里，就成了叛逆。因此，身为父母的，要观察孩子和自己的沟通方式。有时必须谦卑，放弃自己执著的思想，从不同的角度对待孩子，做有限度的迁就。

父母面对孩子的叛逆要保持冷静。对于孩子叛逆，成人一定会不满，因此，父母会为自己的权力斗争，用声音来压倒他。急躁的父母，应该提醒自己，保持冷静，也等孩子冷静，才进行沟通。孩子叛逆时，其言语和行为会犹如暴风雨，不懂得控制自己，但父母是成人已成熟，应该要懂得何时保持冷静。

管教孩子，有时应该寻求别人的意见。如问周围有同龄孩子的朋友，如何处理类似的问题，或听讲座，找辅导员协助，让自己的思想更开阔。最好的办法是去寻求心理专家的帮助。

开放自我，了解孩子。家长眼见孩子的兴趣会影响功课时，通常会即刻禁止。其实，最好能试着了解情况。例如，陪孩子去电子游戏中心，和孩子讨论他们的偶像，从旁提醒什么是应该学的、什么是不应该学的。只有进入孩子的内心世界，才能相处得更融洽。和父母相处融洽，孩子当然就不需要叛逆了。

改变教育方法。很多时候，对孩子的管教是要时常改变方式的。例

如，只有父母讲，孩子听。上了中学后，就应尝试双向沟通，也听听孩子的建议。一旦发现某一种方法行不通时，随时转变方式，不断试验，直至发现有效的方法。

正确对待孩子的叛逆心理。很多人都觉得孩子越大越不听话，这是因为随着孩子知识的积累和生活经验的丰富，他们对人生产生了懵懂的认识，因环境、个人心理因素等的影响，对周围的事情他们不能每次都做到完美无缺而因此感到无可奈何，有种挫折感，继而烦躁、多愁善感、情绪不稳定，甚至顶撞老师。面对这样的孩子，父母不要以种种罪名对孩子横加指责，甚至对孩子做出一些过激行为，如：当着其他孩子的面批评他、奚落他，尤其是再请上家长对他们进行一轮又一轮地批评教育，这样只会让我们的孩子更叛逆、更不好管教，稍不留心还会把孩子逼上极端的道路，不仅给孩子造成心理上的永久性伤害，更会毁了孩子的一生。

相关链接

逆反心理，又称逆向心理或对抗心理，是指人们彼此之间为了维护自尊，而对对方的要求采取相反态度和言行的一种心理状态。青春期的孩子处于逆反心理的原因分为主观原因和客观原因两种。

逆反心理产生的主观原因

独立意识强，表现欲望高，喜欢标新立异，遇事总想发表独特的见解，做出异乎寻常的举动，以期引起别人的注意，显示其独立的个性。

好奇心理。心理学家认为，当某事物被禁止时，很容易引起人们的好奇心和求知欲。尤其是在只作出禁止而又不作出任何解释的情况下，浓厚的神秘色彩更易引起人们的猜测。那些"青少年不宜"的影视广告就是利用青少年的好奇心理，从而达到吸引更多的青少年去观看的目的。

对立心理。人与人之间一旦持有否定的态度，也会对他的观点、行

为持否定态度。比如老师对后进学生总是批评，后进学生就可能对老师说的话都听不进去而产生逆反情绪。

偏激心理。处于青春期的孩子社会阅历浅、知识面还相当缺乏，看问题过于简单，甚至相当片面，往往攻其一点而不顾及其余，却为此沾沾自喜。

逆反心理产生的客观原因

社会缺乏对青年学生独立意识的认同感。现在的孩子，大多是独生子女，被社会称为是"抱大的一代"，社会舆论往往对这些孩子的前途存在担忧，担忧他们的自立能力，担忧他们将来不能承担起建设祖国的重任。不可否认，当今的孩子确实存在着社会经验少、吃苦精神差、社会责任感淡薄等诸多不足，但是造成这些现象的原因，正是由于家庭、学校、社会对这些孩子关爱太多，总认为他们什么也不懂，从而忽略了对孩子们自立能力的培养。

随着我国改革开放的不断深入，带来人们生活方式的多元化、思想观念的多元化、思维方式的多元化。处于成长期的孩子对各种生活方式、各种思想观念缺乏正确分析能力，往往盲目去追逐一些新的生活方式、新的生活观念，甚至对西方一些腐朽的资产阶级生活方式、思想观念不加选择地接受、崇拜、效仿，这时就往往与传统的老师、家长的思想产生诸多冲突，如果这时老师和家长不及时采取疏导的方式而是硬加阻拦，就容易使孩子产生逆向对抗心理。

我就是喜欢 Cosplay 和看漫画

——请尊重孩子的兴趣

　　读高一的小文在过年前向父母申请自己支配 400 元的压岁钱，得到父母同意后，他走进影楼给自己拍了一套 Cosplay 的写真集。

　　"看到他那些吸血鬼造型、忍者造型，我气不打一处来！"小文的爸爸说。小文一直很迷动漫，喜欢收集各种有关动漫的物品，此外对 Cosplay 尤其感兴趣。但小文的爸爸和妈妈都觉得这些举动难以理解。

　　"他会自己去弄服装和道具，和几个同学一起搞动漫爱好团，以前只是随便玩玩，互相照照相，现在居然花着高价去拍写真……"小文的爸爸又说。由于动漫里的人物装束都较前卫，孩子一直在模仿，打了耳洞，留长头发，有时和同学们玩动漫时，大男孩却弄得像女孩子。同时，孩子的电脑里存了无数 COS 迷的造型，而这些照片中的人物性别让大人们难以分辨。

　　"我尽量没有打击孩子的爱好，可是我的担心却一直没有减轻过，虽说他也在努力学习，对自己喜欢的动漫也愿意主动和我交流，但是喜欢这些过于前卫的造型，不仅浪费时间、金钱，我更担心他对性别有模糊的概念！"小文的爸爸担忧地说。

　　与小文的爸爸有共同担忧的还有洋洋的妈妈，她说："洋洋在初一下学期就迷上了动漫，除了和同伴们玩玩 Cosplay，现在还渴望能参加各种 Cosplay 大赛，读书的年纪不好好读书，这样的不务正业家长能不担心吗？可是该怎么去和孩子们交流呢？如果一味地制止，后果也不敢设想……"

孩子为什么会这样？

Cosplay 的意义是去扮演一个自己喜爱的角色，喜欢这样玩动漫的青少年不占少数。其实孩子喜欢看漫画和动漫，是因为喜欢那种虚幻与真实参半、但离自己的生活又很接近的故事。很多动漫故事会让人发现另一种不同的生活哲理，有的是不放弃的精神，有的是为达到目的誓不罢休的勇气，有的是令人向往的友情、爱情，甚至于一生的生活方式。

"Cosplayer 就是利用 Cosplay 表达自己对某个角色热爱！有些是喜欢那个角色本身，也有些是被角色的外形吸引着，而喜欢那个角色，于是就想去扮演了。"一位爱好玩 Cosplay 的小林说，扮演动漫角色就是成为梦想世界中某个人物的一种方法，过一过当动漫主角的瘾。小林接着说："曾经并不喜欢 Cosplay，总觉得那些人玷污了漫画原创，把自己喜欢的人物弄成了另外的样子。直到自己的朋友也参加了进去，看到他们的努力、认真，以及从中感受的快乐后，才明白其实每个 Cosplay 迷都是经过很辛苦的付出努力后，给大家和自己带来欢乐，让他感到这其实也是一种美。漫画故事中每个人的命运不能改变，但我们却可以用 Cosplay 改变它，让每个人都变得幸福，也许有点恶搞，但那也是善意的。"

❉　❉　❉　❉　❉

当孩子们将僵尸造型摆在家长面前时，也许能欣然接受的家长不多，于是家长们发现这就是一条无法跨越的鸿沟，找不到理由解释时，常常用"代沟"作为借口。这样的"代沟"能掩饰太多的矛盾，比如：看书有矛盾，追星有矛盾，运动有矛盾，上网有矛盾，等等。然而，这些真的是不可调和的吗？

在为前卫装束头疼的家长们似乎束手无策，可是当 COS 迷们说起时，却不仅仅是追求一种前卫，他们能从中感受到的除了动漫的快乐，自我的满足，更多的是一种努力和坚持。家长们也许更应该看到他们在

过程中享受的努力和坚持，这是兴趣所带来的，也是书本难以教给孩子的。如果父母换个角度看待孩子们的"前卫"，会发现担忧也许并没那样重要。

父母该怎么办？

青春期要有一种方式去释放他们的激情，对于孩子的兴趣和爱好，家长应该首先选择尊重和接受，然后选择参与和利用他们的兴趣爱好，这样不仅能和孩子之间建立良好的关系，而且更能从中找到合适的教育方法。

兴趣点是孩子信心的支持点，保护孩子的兴趣就是保护孩子的信心，当家长发现了孩子的兴趣爱好后，可以从孩子们的兴趣上去强化他们的长处，树立他们的信心，这样可以有效地利用孩子们的各种兴趣。不论在怎么样的情况下，家长请切记，不要打击孩子，因为一旦打击了孩子就是一种变向地否定孩子，他们失去自信后会逐渐自我否定。

快乐是第一生产力，当孩子投入于自己的兴趣中时，他们是快乐的。孩子在成长中需要某种刺激点，掌握他们的兴趣也就是掌握了这种刺激点，家长不应该放弃这样一个与孩子拉近距离的机会。当家长学会肯定和接受他们的兴趣并一起参与后，可以在参与的过程中逐步引导孩子列时间表，这样不仅促使他们学会掌握时间，还能促使他们懂得自我控制。

对待孩子们前卫的爱好，家长们可以设身处地地为他们思考，比如在自己年轻时，也有追求喇叭裤、卷头发的时候，这些与道德品质无关，而是一种审美取向的问题。当同样的情况发生在孩子身上，难道不可以理解和接受吗？

相关链接

在一般人的观念里，看漫画不正经，看书才是用功。子女不看书，

父母要担心，做父母的常会不知不觉地抱怨子女："你这学期别又老是看漫画，要多看点书！"而这样的抱怨，常常不会生效，反而使子女更加不爱看书。孩子想看漫画，一点也不想看书，这怎么办？

对此不要太担心，暂时别去管孩子。这样做，看似不负责任，但是事实上，做父母的实在不用担心子女不肯放弃看漫画。因为，一般来讲，孩子的注意力及兴趣不会集中在一件事上太久，这段时期他或许热衷于这件事，但不久后他的热情便容易消退，转而去注意别的事情。

所以，对于整天看漫画，一点也不看其他书的孩子，做父母的可以告诉他："稍微看一点这类书有好处，但是也要有所节制。"

看漫画，对孩子而言，也是一种自学自习的方法。漫画能使孩子思考各种形态的人生，漫画是精神的跃动。有些漫画，常有一些奇怪的想法或者没有什么教育意义，做父母的会担心，这样的漫画对孩子有不良影响。其实，看了一些想法奇特的漫画后，也会促使孩子幻想什么是美丽的东西，从而会有去创造这种东西的冲动。假如，父母只给孩子看健全而完美的东西，这无异是让孩子在温室里长大的教育法，这种矫枉过正的方法，也会使孩子产生形成偏向人格的危险性。所以，做父母的有时也要让孩子培养对于丑恶的抵抗力。

了解漫画的好处与坏处的人，常常是孩子本身而不是父母。虽然有的父母会担心，孩子会模仿漫画里的粗话或取笑别人的失败，但不可否认，孩子也意外地拥有了高度的幽默感。

为朋友两肋插刀

——青春期中的讲义气

　　一天晚上，补习回家的亚杰在回家的路上被奔跑的南岸撞倒在地。亚杰生气地爬了起来，和同学追住了南岸让他道歉。南岸不服气地拒绝道歉，亚杰和他的同学就把南岸围住痛打了一顿。不甘心的南岸，立即叫来朋友黄敏、着勒、崔宇三人，他们找到了尚未走远的亚杰理论。此后，两伙人扭打在一起，最后南岸因为人多获胜了，但是也因为打架他们和亚杰一起被警察带到了公安局。

　　警察问还在念初中的黄敏、着勒、崔宇为什么要和南岸一起打人，他们都说："因为大家都是好兄弟，所以要讲义气，兄弟被欺负了当然要帮忙了。"

孩子为什么会这样？

　　在现实生活中，我们常听说或看到有不少孩子乐于"行侠仗义"。行侠仗义本来是一种好的行为，可是孩子这种不分是非、盲目行侠仗义的行为和心理，确实令我们感到担忧。

　　因为孩子社会阅历浅，辨别是非能力差，有时对好坏良莠缺乏全面正确的判断，可能会在好奇心、好胜心、盲目崇拜的不良心理驱使下随心所欲，甚至走向违法犯罪的道路。

　　还有的孩子可能受一些腐朽的精神文化产品的腐蚀和诱导，对物质和精神生活有着畸形的追求，因此也可能产生盲目的行侠仗义的心理和

行为，有时甚至超越了法律和道德的范畴。

✤ ✤ ✤ ✤ ✤

作为父母，有时候会遇到这样的情况：自己的孩子在外边打了架，挨打的同学到家里告了状。当你质问他为什么这样的时候，他却若无其事地回答："没什么大不了的，为了朋友当然要打架。"你可能会被孩子不以为然的样子激怒。兴师问罪，动辄训斥，甚至打骂起来，或者索性勒令孩子以后不许同他的朋友来往。实际上，训斥也好、打骂也罢，决不能解决什么问题，反而会激起孩子反抗的心，甚至会再次和别人大打出手。

父母该怎么办？

遇到孩子和人打架这种事情，父母要冷静，要用宽容和理解的态度同孩子谈心。由于青少年的思想比较单纯，感情也比较真挚，因此，他们很容易把友谊和哥儿们义气混为一谈。孩子们出现这样的误解是合乎常理的，用不着动怒，关键在于教育孩子懂得什么是真正的友谊。这种教育应该是循循善诱，是"随风潜入夜，润物细无声"的引导教育，以启发孩子觉悟。如，眼见朋友犯错误了也不指出来，反而包庇，表面上似乎是够朋友、有义气，实质上是在害朋友。

父母必须教育孩子为人要诚实、勇敢、正直，不能虚伪。要告诉孩子任何伪装的东西都是不能持久的。为了义气，相互隐瞒彼此的短处，相互包庇各自的错误，这些都是不诚实的表现。有时候，孩子们之间的所谓"义气"，事实上是害怕相互报复，明知别人的错误，但怕讲出来之后会遭到同伴们的殴打。对此，父母要教导孩子正直，敢于当面劝朋友，不护短。

如果父母发现自己的孩子和同伴真的做了坏事，那么就一定要查明情况，帮助孩子认识错误，主动承认错误。不能简单地训斥和打骂，或者不让孩子与同伴们在一起，那样只会造成孩子对父母的反感甚至敌对

的情绪。或者，孩子被强迫不能与同伴相处以后，有的会转入"地下活动"，使父母无法了解孩子的真实情况，也就无法进行教育。还有的则会索性不与任何同学来往，落落寡合，形成孤癖的性格，这对孩子的成长极为不利。

相关链接

友谊和"哥儿们义气"的区别：

青少年渴望友谊，但是常常误把讲"哥儿们义气"当成了真正的友谊。其实，真正的友谊应该是人与人之间的一种真挚的情感，是一种高尚情操。友谊会让你赢得朋友，当遇到困难和危险时，朋友会无私帮助你；如果有了烦恼和苦闷时，可以向朋友倾诉。

而"哥儿们义气"源于江湖义气，它只为"哥儿们"私利而不分是非，不讲原则。他们以"哥儿们"相称，以"义气"相标榜，只讲"哥儿们"，常常干出一些蠢事，甚至不惜坠入犯罪的深渊。诚然，友谊需要互相理解和帮助，需要义气，但这种义气是要讲原则的。如果不辨是非地"为朋友两肋插刀"，甚至不顾后果、不负责任地迎合朋友的不正当需要，这不是真正的友谊，也够不上真正的义气。

爱美之心人皆有之

——孩子过分注重打扮

莉莉的妈妈说："女儿自从上初二开始越来越注重打扮了，以前都是我给她买衣服，但是在她进入初中二年级后，突然提出自己想穿什么就穿什么样的衣服，而且总是说：'同学们都有这样的衣服，所以我也要穿。'每天早晨起来，她就待在洗漱间里半天都不出来，每次都在镜子前面做各种表情，给自己梳各种各样的发型。每天要花很多的时间在梳妆上，有时候早上拖拖拉拉的，弄得上学都迟到，衣服更是想要一天一换。最近，她又说自己胖，每天晚上都不吃饭，回家不先做作业而是转呼啦圈，说是要减肥。她一米六多的个子才90斤，根本就不胖。看她这个样子我真的好担心，不知道她为什么会这样。"

孩子为什么会这样？

孩子上了初中以后，就会相继进入青春期。在这个时期，细心的家长会发现孩子的许多变化，其中重要的一个变化就是孩子比原来爱美。

例如：有些男孩子不再像过去那样邋遢了，头发梳得整整齐齐，穿衣服也要"挑三拣四"了；女孩子特别爱照镜子，喜欢穿时髦衣服，用妈妈的化妆品等，这都是孩子模仿成年人的标志。爱美之心人皆有之，孩子也不例外，上述表现都是正常的。但对衣着打扮过分投入，以致不能专心学习，或者是有浓妆艳抹、烫发、戴首饰等不符合中学生行为规范的行为，那就是过分爱美了。

❈ ❈ ❈ ❈ ❈

青春期孩子伴随着自我意识的增强，他们比较"爱美"了，爱打扮自己了。青春期之前，父母怎么打扮他们都可以。但孩子进入青春期之后，他们在关心自己内心世界的同时，也把一些兴趣和时间用在如何打扮自己以及别人是怎样打扮上面。在穿衣、发型等装饰上，表现得比较"时髦"，尤其在外表上，特别引人注意；喜欢得到别人赞扬以及不甘心落于人后的愿望，是根深蒂固的。对于女孩子来讲，把兴趣用在外表形式打扮上，是有其特殊的心理功效的，那就是：吸引异性的注意，引起同性的羡慕。每当出现这种情况的时候，她们就感受到了一种心理上的满足。

父母该怎么办？

探究原因后，如何来引导好孩子的行为呢？

青春期的孩子在追求美的时候往往会出现一些偏执倾向。孩子爱打扮、注重自身外表的修饰，本无可厚非，但由于孩子们年龄小、阅历少，对美的本质认识还较肤浅，在追求美的时候往往会出现一些偏执倾向。例如，盲目节食减肥保持苗条体形，穿着打扮上过分追求成人美，追随时尚、刻意修饰、矫揉造作，也就失去了少年纯真、健美和青春气息。

针对孩子的爱美心理及对美的认识上的偏差，家长应注意培养孩子健康的审美情趣，使他们懂得什么是真正的美。要使孩子明白美是一种寄寓在和谐、统一、协调、相宜之中的。一个清丽的女孩把自己打扮得珠光宝气便俗不可耐，与中学生的身份极不协调，这又美在何处？盲目节食减肥即使减肥成功，却成为一个体弱多病、弱不禁风的人，还有什么美可言？家长要使孩子明白，美不仅仅停留在外表上，而是主要体现在其内在品质上。一个人如果光外表是美的，而他在言行上却流露出粗俗的举止，给人的感觉是极不舒服的，更谈不上有任何美感。中国有句话叫"秀外慧中"，"秀外"即外表美，"慧中"即心灵美，只有既"秀

外"又"慧中"，做到内外和谐统一，才是真正的美。

同时，家长也不要对孩子对衣服的选择进行一味的否定。孩子会自己挑衣服，应该肯定她有主见，但要引导她选择适合自己身份的衣着。并且家长要和孩子多交流、沟通。比如家庭的经济情况可以对孩子公开，让她了解；也可以向她说明买太昂贵的衣服，家里条件不允许，对她来说也没必要，取得孩子的理解。这样，孩子就会在选择服饰上有所考虑。

此外，家长要提醒自己不要太以孩子为中心，不要事事都满足孩子的要求。对孩子来说，适当地进行吃苦教育还是有必要的，并且从社会的角度、安全的角度来说，也别让孩子穿太昂贵的衣服。

相关链接

看似简单的穿衣打扮，会影响孩子一生。着装是一种综合艺术，色彩、线条、结构等对儿童的行为、心理有很大影响。着装也可以说是成人对儿童早期审美教育的一种物化行为，这种教育和引导从儿童的视觉渴望那一刻开始，伴随孩子一生。3～5岁的孩子，对色彩的认识逐渐成熟，这是培养儿童对色彩感受、形状认知变化、衣物贴身感受的时期。

当儿童具有一定行为能力时，服装的装饰和款式逐渐让他们在穿衣行为中获得知识积累，从而完成着装教育。在不同家庭环境下，由于父母职业、年龄、性情、审美的不同以及家庭文化、经济状态等不同，儿童会形成不同的服装心态和理念。所以，父母有针对性地对孩子进行着装教育非常必要。

长大成人篇：
迎接风雨洗礼后的成长

凭什么他比我考得好

——把嫉妒变成积极向上的动力

　　柔柔自幼聪明伶俐，深受亲友和师长的喜爱。在一片称赞声中长大的她渐渐变得异常的争强好胜，容不得别人有任何强于她的地方。

　　柔柔喜欢打扮，而且总要和同学们比。有一次，一位同学买了一件非常漂亮的T恤衫，别人称赞不已。这可使柔柔不高兴了，她暗中嫉妒，背后说那位同学的坏话。考试时，别的同学成绩考得高一点，她也嫉妒，背后议论别人是事先知道了题，或者是碰运气才考得那么好。

　　最让柔柔痛苦的是，她的对手舒可居然竟选学生会主席成功！柔柔为此食不甘味，寝不成眠，妒火中烧。她在连续几个晚上失眠之后，终于作出决定：写一篇诋毁舒可的文章，发布到网上。文章题目就叫"为谋主席职，竟献青春身"。

　　文章在网上传播开后，舒可的名誉受到极大的损害，被迫放弃了校学生会主席一职。柔柔暗自庆幸，但不久，几个警察便出现在她的面前。

孩子为什么会这样？

　　嫉妒是人类的一种普遍的情绪表现。嫉妒之心，人皆有之，即使是孩子也不例外。处在青春期的孩子，至少面临着三方面的压力和挑战：一方面，孩子身体正在快速发育，特别是性方面的发育和成熟，使他们积蓄了大量的能量，容易过度兴奋；另一方面，他们学习上的任务很重，不得不面对激烈的竞争，心理压力普遍比较大；第三方面，随着年龄的增长，他们渴望对外部社会有更多的了解，人际交往也逐渐增多，各种各样的信息纷至沓来，这就使得他们需要处理的问题越来越多、越来越复杂了。

这三方面的压力常常交织在一起，矛盾此起彼伏，虽说生活的内容大大丰富了，但也不再像幼儿园、小学时那样单纯容易了。而这时，他们的大脑的神经机制并没有发育健全，调节能力还比较差，因此面对各种压力和刺激，便很容易产生心理不平衡。青少年又不像成年人那样善于控制或掩饰自己，常常喜怒皆形于色，便显得情绪忽高忽低，特别不稳定了。虽然情绪不稳定是青春期的心理特点，但是由于孩子情绪的波动会给他的生活带来一定影响，比如影响与他人的关系、分散他的学习注意力。长期的恶劣情绪还会使人生病，因此家长应该帮助孩子学会调节自己的情绪。

❈ ❈ ❈ ❈ ❈

嫉妒是一种消极、有害的心理。它会破坏人际关系，伤害同学间的友好感情，甚至会由于攻击情绪的发泄而造成悲剧。嫉妒心强的孩子，在伤害别人的同时，也在用别人的优点来折磨自己，使自己难以摆脱愤怒、沮丧、怨恨、自惭、自责等消极情绪，致使孩子情绪低落，丧失自信和前进的动力。

父母该怎么办？

要纠正孩子的嫉妒心理，家长们应该从以下几个方面着手：

建立良好的环境。嫉妒心理和行为的产生，虽有多种原因，但从根本上讲，是由于孩子自身的消极因素和外部环境的消极因素两者相互影响、相互作用而产生的。如果在家里，成人之间互相猜疑，互相看不起，或当着孩子面议论、贬低别人，会在无形中影响孩子的心理。因

此，家长应当在家庭中为孩子建立一种团结友爱、互相尊重、谦逊容让的环境气氛，这是预防和纠正孩子嫉妒心理的重要基础。

要正确评价孩子。孩子都有喜欢受到表扬和鼓励的心理。表扬得当，可以巩固其优点，增强他的自信心，促进他不断进步；如果表扬不当或表扬过度，就会使孩子骄傲，进而看不起别人，认为只有自己好而别人都不如自己，甚至当有人说别人好而没说他好时，他就难以接受。这是因为孩子年轻、阅历少，还不会全面地看问题，不能正确地评价自己和别人。他对自己的评价是以成人对他的评价为标准的，所以父母要正确评价自己的孩子，不能因疼爱和喜欢，就对孩子的品德、能力的评价随意拔高，过分赞赏，以免孩子对自己产生不正确的印象。家长还要适当地指出他的长处和短处，使孩子明白人人都有长处和短处，同学之间要互相学习，帮助孩子正确评价自己。

对孩子进行谦逊美德的教育。通常，嫉妒较多地出现在有一定能力的孩子的身上，孩子往往因为自己有能力，但没有受到注意和表扬，因而对那些受到注意和表扬的孩子产生嫉妒。所以，在纠正嫉妒心理的同时，还必须对孩子进行谦逊美德的教育，让孩子懂得"谦虚使人进步，骄傲使人落后"的道理，让孩子明白即使别人没有称赞自己，自己的优点仍然存在，如果继续保持自己的长处，又虚心学习别人的长处，自己的才干就会更强，就会真正地、长久地得到大多数人的喜爱。

引导孩子树立正确的竞争意识。有嫉妒心理的孩子一般都有争强好胜的性格。家长要引导和教育孩子用自己的努力和实际能力去同别人相比，使他们明白竞争是为了找出差距，更快地进步和取长补短，不能用不正当、不光彩的手段去获取竞争的胜利，要把孩子的好胜心引向积极的方向。

教育孩子承认差异，奋进努力。现实中的人必然是有差异的，这种差异不是表现在这方面，就是表现在那方面。一个人承认差异就是承认现实，要使自己在某方面好起来，只有靠自己奋进努力，嫉妒于事无补，而且会影响自己的奋斗精神。

教育孩子不断提高自我意识水平，正确地评价自己和别人。提高孩子的自我意识水平，是克服嫉妒心理的基本途径。教育孩子经常反问自己："我现在各方面表现如何？有什么优点？有什么缺点？跟上个月或上个星期比较哪些方面有进步？哪些方面有退步？我该怎么办？我有决心再上一个新的台阶吗？我是否应该听取爸爸妈妈的意见？是否应该征求老师、同学的意见？"

相关链接

不少孩子爱嫉妒别人、闹情绪，使家长担心，尤其是不知道该怎样教育嫉妒心强的孩子。分析这个问题很有必要。嫉妒心的产生，与人最关心的事物相联系，因年龄而异、因人而异。孩子们之间的嫉妒常常反映在以下问题上：

❀因别人学习好而嫉妒

学习是孩子们的主要任务，学习成绩是评价孩子的重要指标。因此，有的孩子学习不如别人就嫉妒别人。

有一个班级曾经发生过这样的怪事：在期中考试前一个星期，班上成绩最好的几个同学的笔记本不翼而飞，这几个同学着急的情况可想而知。考试之后，笔记本又回到了那几位同学的课桌里。显然，这不是一般的恶作剧，是某个同学出于嫉妒心理，采用了不道德的手段。

❀ 因别人受表扬而嫉妒

这也是在孩子们中是常见的现象。别人受到了表扬，有的孩子暗中不服气，有的公开挑人家的缺点，也有的故意表现出无所谓的态度。其实，他们的心理反应是："有什么了不起，我也做得来。"

❀ 因别人受到老师重视或与老师关系好而嫉妒

这固然也有老师的责任，应该调动每个同学的积极性。但是，嫉妒是没有好处的。有的孩子因为不被重视或与老师关系不如别人而嫉妒受老师重视及与老师关系好的同学，并且常常迁怒于老师，背后议论老师，甚至对班上的某些事情采取消极的态度。

❀ 因同学之间的亲疏而嫉妒

同学之间的亲疏变化，也是嫉妒心理产生的原因之一。

有一个小男孩与几个男同学关系不好，当那几个男同学与女同学一起外出游玩时，他偷偷拍了照片，交给班主任老师，添油加醋地说这几个同学"早恋"。其实，那些同学一起出去游玩，是家长单位发的票，几个同学没有任何不良表现。这位小男孩是出于嫉妒心理才这么做的。

❖ 因别人有较好的衣服、文具等而嫉妒

孩子们普遍希望有漂亮衣服、名牌衣服、好的文具、好的玩具等，由于家庭条件不同、家长教育方法不同，总会产生有这个没那个的现象，这是正常的。但是，一些孩子会因此而产生嫉妒心理，对有比自己好的东西的同学"气不忿儿"，总想比过人家，而当别人的东西脏了、坏了时，甚至幸灾乐祸。

你能不能别啰嗦

——别做个唠叨的家长

"我儿子太不像话了！"一位父亲气愤地说。他的儿子小童今年高三了。

"每次批评他，你看他那个不服不忿的样子。"这位父亲说，"有好几次小童竟威胁我说，如果我再唠唠叨叨，他就离家出走，不参加高考了。现在我们都不敢说他了，万一他真出走了，可怎么办？"

孩子为什么会这样？

青春期的孩子以出走威胁父母的例子不胜枚举。进入青春期以后，一方面，孩子非常希望有自己独立的空间，他们在思想上越来越追求自我，希望自己想问题，独立地去判断问题；但是另一方面，由于是家庭独生子女，现在很多家长没有给他们实施自己的或者说自我自理的机会，只会通过唠叨来督促孩子进行教育，这样只会适得其反，让孩子与父母产生更多的隔阂。

❈ ❈ ❈ ❈

孩子为什么会厌恶家长的唠叨呢？这是因为，孩子小时候对是非并没有自己的看法，因此做错事被批评时，通常会唯父母是瞻。而当他们到青春期时，生理和心理逐渐成熟，自我意识开始觉醒，对外部世界开始有自己的认识，逐渐将自己定位于独立主体。这时，父母再像以前那样批评教育，他们就觉得没有得到父母的尊重，于是产生对抗情绪。

另外，各种束缚和压力的增多导致孩子心理焦虑，他们会变得更"不听话"。小童说："我觉得压力很大，如果他们总喋喋不休，我就更烦了。"这些孩子的压力绝大多数源于学习，上高中后，他们要承担更重的学习任务。而且，发达的通讯设备和大众传媒让他们对社会有了更多更深的了解。一旦意识到社会竞争的激烈和优胜劣汰的残酷，他们就开始为未来担心，从而产生了焦虑的情绪。此时，父母的批评在他们听来非但不是"金玉良言"，反而会激起他们的反感。

如果家长还像小时候那样管教孩子，只能加深亲子关系的裂痕。家长们需要放下架子，不再"我说你听"，而要以平等的身份和孩子沟通，尊重他们作为独立主体的存在。

有些家长喜欢节外生枝，批评孩子的时候总要带上诸如"你这个没出息的东西"之类的话。这种教育方式很不可取。家长最好就事论事，不把问题扩大化。尤其要注意的是，教育孩子时，最好不要唠唠叨叨。

父母该怎么办？

学会尊重孩子，正确把握住孩子的心理状态。在一般情况下，孩子的心理状态会不同程度的有所暴露。父母这时就要善于把平时对孩子的了解与他在谈话中的外部表现联系起来，细心观察孩子的神情、言语、注意力和习惯动作的变化等，从而正确把握住孩子的心理状态。

例如，谈话时孩子低头不语，往往是感到委屈或产生抵触等心理的表现，而不耐烦厌恶的表情则往往是孩子内心羞愧失衡的反映。高中阶段的孩子正处于花季时期。这个年龄段的孩子自尊心、独立意识开始增强，希望别人像对待成人那样对待自己；另一方面，他们的认识仍有很大的片面性，缺乏自我控制能力，容易冲动，对后果缺乏考虑，出了事又不知所措，表现出一定的孩子气。与他们谈话，父母就要考虑这些心理特点。当然，谈话时家长还应关注孩子的个性。个性傲慢的孩子常对谈话表示轻蔑；胆小怯弱的，又易心情紧张。心境不好时常沉默少言，或动则易怒；情绪兴奋时又常喜形于色，絮絮不休。父母必须对各种因

素综合分析，准确地把握住孩子的真实心理状态。

学会交流。亲子教育专家张勤女士介绍说，有一天下午，她突然被儿子的小学老师叫到学校。在老师的办公室里，老师当着儿子的面向她抱怨："你这个孩子是多么的淘气……"老师甚至使用了很多难听的字眼，而她一听，又没有什么大不了的事儿。小男孩嘛，淘一点很正常。

事隔多年，回想起此事时，她仍然觉得心痛："当时我儿子就站在一旁，老师就那样数落他，孩子吓得缩在墙角一个劲儿地哭！一路走，孩子一路哭，任我怎么安慰也停不下来。"突然间，她想到："老师是专业的教育工作者，可是，连他们都不能百分百做到跟孩子顺利沟通，那么家长和孩子间的沟通是否会出现更多问题？"从此她开始潜心研究如何当一个好家长。

"家长是一个全新的角色。在我们有孩子之前，谁也没当过家长，也没有人教我们怎么当家长；而当我们刚学会怎样给小学一年级的孩子当家长时，孩子又升到了二年级，我们的经验又不够用了。这个过程是周而复始的。教育不是把水桶灌满，而是把火点燃。"

营造学习型家庭氛围。创建一个学习型家庭，用知识武装两代人的头脑，这是一个长期的工程，也是改善家长自身素质的重要手段。只有家长教育子女的素质提高了，掌握了现代科学的家庭教育知识与方法，才不会在孩子成长过程中，在孩子最需要我们帮助和关心的时候，用最低级的语言、甚至是不道德的手段来"对付"他们、伤害他们。

学会运用艺术语言。假如你一定要重复地说，那么就将唠叨的语气改为提醒。唠叨让人厌烦，易招致怒气；提醒的语气听起来则有帮助的意味，表示你和孩子站在一边。家长应该切实地为孩子提供自由选择的空间。

相关链接

如果家长总是唠唠叨叨，那就要改一改这个毛病了。因为，唠叨可

能会导致孩子的心理问题，并危害其身心健康。美国杜克大学心理学家坦娅·沙特朗的研究显示：如果父母对孩子房间的卫生状况总是喋喋不休，唠叨个不停，孩子可能会反其道而行之，甚至想钻进猪窝里。

研究人员在不同的校区做了两项实验，他们从大量心理学系的学生中选出几名参试者，向这些学生提出问题，其中包括他们生活中是否有两种人：一种是让他们玩得开心点的人，一种是督促他们努力学习的人，并请他们指出来。测试显示，学生们认为操纵他们生活的人的名字从电脑屏上快速闪过，以至于学生们无法有意识地确认，只能下意识地记忆。正如研究人员期望的一样，下意识地把逼迫自己努力学习的人的名字放在首位的学生在测试中的表现大不如那些把让他们玩得开心的人的名字置于首位的学生。

研究暗示，那些感觉到某位重要人物对自己要求很高的人会下意识地把这个人放在第一位，这导致他们会自动做与控制他们的人意愿相反的事情。换句话说，家长的唠叨是会对孩子起反作用的。

活着真没意思

——警惕青少年自杀现象

一天中午，希希从学校回来，泪流满面地对妈妈说，她最要好的同学豆豆自杀身亡了。原来，豆豆这次参加高考模拟，成绩从全班前五名突然下降到三十多名，她觉得无脸见人，便服了大量安眠药。

希希的高考成绩也大幅度下降，自从豆豆自杀后，希希常说头痛，学习太困难，甚至说活着没意思……希希的妈妈担心女儿会步豆豆后尘，自寻短见……

孩子为什么会这样？

我国近几年陆续出现了关于青少年学生自杀的报道和研究。从这些资料中可以看出，一些青少年学生内心十分痛苦，感到缺乏理解，生活的压力太大，例如分数的压迫、考试的威逼、家长的训斥、老师的不满、社会上的诸多不快……

这样，自杀就成了一些青少年学生摆脱痛苦的消极方法。青少年自杀行为具有冲动性，他们往往在情感、情绪突发的情形下，轻率地自杀。如在中学生自杀案件中，有的女学生为"抗议"父母不给她买一条彩裙而自杀；还有一位农村中学生因个子小，他母亲劝他不要骑自行车，他一意孤行地要骑车，对母亲的劝阻十分气愤，竟然服下大量农药而自杀。这类冲动性自杀行为，往往是在情绪激动的情况下偶发的，自杀前也没有什么明显迹象。

❋ ❋ ❋ ❋ ❋

青少年在采取自杀行为时，总是以为这是唯一的选择，除此以外就别无他法了。通常，他们在内心里感到自己为解决问题已经竭尽全力了，深信只有走向死亡，才能摆脱痛苦。当然，他们会预计到，别人对自己的自杀可能不理解，会有种种看法，但是在此时此地，他们自己确信选择自杀是合理的。俗语说，"当局者迷，旁观者清"，虽然周围的人觉得自杀的青少年十分愚蠢，责怪自杀的想法太糊涂了，但是，采取自杀的青少年本人往往自以为这是最好的选择。"不识庐山真面目，只缘身在此山中"，严重的痛苦使他们产生了片面的、极端的认识。

研究表明，青少年自杀行为是缺乏精神力量的结果。一些青少年的传统道德价值观念日趋淡薄，而新的社会主义的激励人心的道德价值观念又非常缺乏。当然这并不是责怪他们，社会、学校、家庭对此都负有责任。可结果是他们由于缺乏精神力量，一旦身处痛苦境地时，就无法从痛苦中解救自己，也无法在失望中看到生命具有的积极意义，于是更强烈地为自己的痛苦陷入绝望。这种循环加剧的绝望最终不可避免地导致自杀行为。

父母该怎么办？

近年来，人们经常可以看到青少年自杀的报道。青少年由于不能应付日常生活中正常的压力，最终可能选择自杀以逃避不可忍受的痛苦。青少年自杀行为在大多数情况下是可以预防的。作为家长，做好防范措施是非常重要的。

首先，家长在关心孩子是否认真完成学业的同时，应引导孩子树立正确的人生观、价值观。家长在给予孩子稳定、和谐、舒适的生活、学习环境的同时，不可对其过分保护和溺爱。现在，每个家庭中的孩子基本上都是独生子女，在教育中他们受到的过分溺爱多于严格管理，过分保护多于自立。有的家长则认为只要孩子学习好就行了，这样很容易使孩子养成自负、高傲的习惯。所以，家长一定不要过分保护和溺爱自己的孩子，以免适得其反。

其次，家长要做孩子的朋友。当孩子在家庭、学校、社会上遇到某些

事情，受到批评或不平等待遇，表现出自卑、冷漠、焦虑等情绪时，家长要与孩子及时进行谈心、交心，把事情向积极方向引导，进行耐心解释，认真总结，要教育孩子面对现实，共同努力，战胜困难，摆脱挫折，减轻孩子的自我惩罚倾向，防止不良后果的发生与发展，千万不可漠然处之。

另外，家长要摆正自己的位置。 家长不可有："我是家长，你是孩子、是学生，你必须听我的"的想法。否则，孩子有什么事情、有什么问题也不会对家长讲，不会请家长来帮助解决，而是采取自己的方式来解决问题。这样，孩子的行为就很容易走向极端，发生不应发生的事情。

相关链接

想自杀的青少年，他们可能会不止一次地跟亲人或朋友说要结束自己生命这一类的话，有时也会采用较为隐蔽的含蓄方式表达自己自杀的心愿。他们会说："我实在忍受不了啦！"，"我是一个无用之人"，"我是一个多余的人"，"活着实在是太累太累了"，"我最好还是死去"等等。对于这类语言，家长需要抱有高度的警觉性，注意说话者的行为，以防不测。

多数自杀者会有意无意地露出蛛丝马迹，在行为方面，表现出与以往不一致，他们可以变得无拘无束，显得宽容大度，突然间把自己的事情与事物安排得井井有条；有的人表现出心神不定，甚至惶惶不可终日，他们做事心不在焉，答非所问，他们闷闷不乐，他们无动于衷。当孩子出现下列情况时应警惕：

不注意修饰，有绝望、无助、自贱情绪；

注意力很难集中，常诉说有头痛、疲惫、胃痛等不适；

突然和朋友家人疏远；

有犯法、破坏物品、旷课等行为；

弃家出走，性行为混乱等；

近期有不幸事件或家庭危机。

你已经落伍啦

——难以逾越的代沟

"整天除了学习还是学习，根本不关心我的想法。"一位上高一的女生如是说。她是一个品学兼优、在班级名列前茅的好学生，家境也十分不错，可以说是衣食无忧。但就是这样，她对自己的父母还是充满了怨气。据她说，现在家里的气氛已经到达"冰点"。"别看我表面上什么也不缺，但我真正想要的父母都不给我，因为他们根本不知道我需要什么，他们不屑于了解我。"

"整天都是什么'粉丝'、'玉米'的，光听着就犯晕，哪知道这些娃都在干啥啊!"这个高一女生的妈妈这样看待孩子喜欢赵女。

孩子为什么会这样?

一边是家长们长嘘："现在的孩子太难管，不听话。"一边是孩子们短叹："父母怎么不理解我们，他们不也是从我们这个年纪长大的吗?"

❖ ❖ ❖ ❖

代沟的产生源于不了解，源于缺乏交流

大多数家长也承认自己不了解孩子内心的想法。曾经有人把家长和孩子因缺乏交流而产生愈来愈多的不理解称为"代沟"。这种深深的沟壑虽是由两代人共同造成的，但其最初的成因却来自家长。大多数家长都有一个共同的想法：孩子是自己生的，自己做的一切自然都是为了孩子好，在各方面的经验也比孩子多，所以孩子要无条件地听自己的话。

既然家长是家里的权威，那么"交流"一词对一些家长来说已经变得可有可无。

代沟的产生源于不平等，导致了交流难

家长们喜欢"专权专政"。孩子无论做什么事都做不了主，必须听家长的。在家长眼中，孩子永远是那个长不大、什么也不懂的小不点，事事都要自己操心。孩子渐渐长大了，有了自己的想法，家长的心态却始终没有改变，总是有意无意地把自己的想法强加给孩子，这让逐渐有了主见却不能发表的孩子很是郁闷。有些家长把自己的事情看得很重，对待孩子的事情时却认为是"玩"，并不在意，这使孩子们非常气愤。

父母该怎么办？

可怜天下父母心，做父母的谁不想父爱母慈，儿女听话，有出息。要想一家和乐，消除代沟，需要家长做出更多的努力，尤其是精神准备。

承认代沟。面对代沟，不要回避，要迎难而上。生活中的代沟，其实可以不必计较，所谓"萝卜青菜，各有所爱"。而思想上的代沟，需要在沟通中进行碰撞，在碰撞中取得个性的共振。两代之间不能伤感情，不然，不但无法沟通，而且会加深隔阂。

及时沟通。交谈是最好、最直接的沟通方式。父母应主动创造谈话情境、营造交流氛围，多与子女"以心换心"。这种交谈必须建立在双方平等的基础上，父母最好是以朋友的身份参与其中，切忌用封建家长式的态度，居高临下地训斥孩子，否则会使彼此间的距离感加大。

宽松要求。即适当降低对子女的要求。对子女要求过高，会形成孩子心理上的重压，致使孩子把家庭看成"集中营"。家长应争取给孩子创造宽松和睦的环境，不能按自己的好恶和标准来评价与要求孩子。

相互尊重。不要给孩子过分的爱，而要给孩子一片"情感自留地"。青春期的少年渴望独立，对事物具有一定的批判、评价能力，因而不愿事事听命于大人，而喜欢批评、反抗权威与传统。他们迫切需要得到父母和周围人的尊重，承认其独立意向和人格尊严。过多的保护会使孩子内心烦躁，产生抵触情绪，报复和逆反心理也会日趋严重。

学会接纳。对待子女时，家长应学会在接纳、容忍的基础上因势利导。在家庭生活中，家长要学会接纳对方的态度和意见。这种接纳不是被动的，而是在真正弄清孩子的意见和态度是否合理之后，心悦诚服地放弃自己的见解而接纳对方；或者，将双方的意见取长补短，相互融合，更是一件快事。

由于涉世不深，青少年看待事物经常抱理想主义的态度，遇挫折易于沮丧，也易受他人影响，考虑问题片面甚至凭冲动办事，理性不足、是非界限不清。做父母的要理解孩子的这些变化，及时调整自己的角色，由"权威式"、"保姆式"的关系变成"朋友式"的关系。

求同存异。如果两代人之间的某些差异极难协调，那么父母就该求大同、存小异，理解、尊重子女的生活习惯、兴趣爱好，绝不可将自己偏爱的某种模式强加给对方。

与时俱进。现代社会，科技日新月异、信息瞬间万变。青少年由于不受旧观念、旧模式的影响，凭着对新文化的敏感、认同以及接受能力的优势，必然会走在父母的前面。父母应主动学习、与时俱进，力求与子女建立共同语言。有一位父亲为找到孩子痴迷网络的缘由，于是和儿

子一起上网，发现了其中的乐趣。"贪玩的父亲"获得儿子认同后，对儿子"寓教于玩"，建立了良好的沟通渠道。

相关链接

　　家长与孩子生长在不同的时代，自然形成了不同的爱好、习惯、思维，这本来是社会进步的表现，可在部分家长看来却不可理解。比起家长，孩子们更喜欢诸如网络游戏、流行音乐、动漫之类的新事物。而家长们守着自己的圈子，对孩子喜欢的东西除了表现出不理解之外更多的则是不屑一顾，认为那是小孩子的玩意，不值得花时间去了解。

　　孩子和家长之间之所以出现"代沟"，相互不交流、不理解，其根源在于不正确的"爱"。实际上，许多家长对孩子的爱是变形的，是有代价的。他们用爱的旗号、爱的面孔、爱的语言，把孩子推向反面，破坏了孩子的兴趣，破坏了孩子的梦想，破坏了孩子向上的热情和动力。

　　家长既然爱孩子，就要对孩子的成长规律、才能、潜力有深入了解，真正尊重孩子，把孩子看成是独立的、与众不同的人，从小就和孩子建立起正常的沟通渠道。家长只有真正了解孩子的情况，才能帮助孩子，让孩子身心健康、富有爱心、追求上进。此外，家长要和孩子建立起信任关系，要让孩子感受到父母对他的"真爱"。只有建立在平等、尊重、理解、信任基础上的"真爱"，才能消除误解、填平"代沟"，重建和谐的两代人关系。

看这个有什么大惊小怪的

——孩子眼中的 "色情"

高山今年16岁。一天，高山放学回家，从路边上捡了一张光盘，不知道什么内容。回家后，他把光盘放在电脑里播放，出现的是一组淫秽的画面，高山看着电脑中的淫秽画面，既紧张又兴奋，从那以后便不能自拔。

高山像着了魔似的，经常到天桥上买一两张类似的光盘，趁家人都不在时，悄悄观看。并且由此也引发了高山一系列的生理和心理问题：每天他总是想着光盘里的那些淫秽内容，上课也不能专心听讲了，和女同学说话时也会一下子想到那些坏镜头，有时甚至有了试一试的想法。

有一次，高山趁家人都不在时，又偷偷地拿出光盘开始看。正当他津津有味地看着时，房门突然打开了，爸爸进来了。当爸爸看到电脑显示器中显示的画面时，爸爸惊呆了，他拿起门后的扫帚要打高山。而高山则很不在意地说："看这个有什么好惊讶的……"听了儿子的话，爸爸更是火上浇油，嘴里骂着"流氓"、"无耻"，手里的扫帚雨点般的打在高山的身上……

孩子为什么会这样？

青少年看色情录像、书籍等难以自拔，其实，这和他们此阶段的心理和生理发展是密不可分的。

当青少年进入青春期，性发育开始成熟，性意识开始出现，充满了

对"性"的好奇、幻想和冲动。在这个阶段，他们愿意谈一些性问题，开始关注异性，同时也很想知道性关系到底是什么。

但是目前由于社会、家庭、学校对性教育认识的不充分，孩子们对性知识的获取渠道不通畅，对性问题的辨别和认识能力不够，这促使他们利用别的途径来获得信息。特别是在社会上流行的个别网吧里，由于对不良信息的管理不严，成为学生获取色情信息的一个重要渠道。一些青少年喜欢上色情网站，并互相传送色情网站的信息或相互提供网址。

❋　❋　❋　❋　❋

针对孩子上色情网站的情况，有的家长说："我有绝招——家里的计算机不上网，孩子就不能上网。"这算什么绝招！坏影响的来源不仅是计算机，还有电视、书籍、录像带等媒体。孩子尤其是高中生中的相当一部分人接触过色情信息，这些信息大部分不是来自互联网，而是录像带和书籍。因此，父母应该采取正确的方法，帮助孩子不再接触色情信息。

父母该怎么办？

许多家长对性讳莫如深，谈性色变，甚至立下很多严厉的家规。这种做法我们称之为性禁锢。性禁锢有违人性，否定了人的基本需要，影响人的正常交往。孩子如果没有办法从健康、正当的途径了解性知识，满足了解异性需要，就会通过万能的网络去寻找答案，以获得满足。这不能不说是很多孩子上网成瘾的一大动因。

转变观念，打破性禁锢。我国的传统文化有着根深蒂固的影响，要改变性观念绝不是一件简单的事。但是，家长应该首先认识到，由于时代的发展，孩子的观念不可能继续保守下去，而家长的保守将来一定会成为两代人之间的一大矛盾。并且，任何正常、健康的人都有性的需要，这是不容否认的。孩子进入青春期后，性冲动会越来越强烈，用性禁锢的观念是禁锢不了孩子的生理冲动的。因此，家长们一定要想开

了，要随着时代的发展来转变自己的观念，打破性禁锢，客观、科学地看待性。

重视性教育，减少神秘感。"妈妈，我是从哪里来的？"对于这样的问题，有多少父母认认真真地回答了孩子？恐怕更多的回答会是："你是从石头缝里蹦出来的。"或者"你是我从垃圾堆里捡来的。"那么，孩子的问题更敏感、更尖锐，父母该怎么办？目前，学校性教育的开展情况不容乐观，很多教师也羞于启齿，学校性教育流于形式。

因此，家长们更是责无旁贷。通常，女儿的性知识应该由母亲来传授，而男孩子的性知识应该由父亲来讲解。但是，调查表明，我国的母亲们相对尽责一些，而父亲们则对于儿子的性问题通常都没有做出好的回答和关注。越是讳莫如深，越容易增加神秘感，而神秘感更容易激起孩子的探究欲。如果说开了，孩子反而没兴趣去深究了。

不提倡早恋，但不打击异性交往。其实，绝大多数中学生即便开始"恋爱"，也不敢"偷吃禁果"，单纯的异性交往只是他们满足青春期异性需要的一种途径。当然，早恋有可能对青少年产生不利的影响，因此我们并不提倡。但是，只要孩子不越雷池，家长们也不必为普通的异性交往而雷霆大发，应当给予理解、尊重和引导。

学习新的与网络教育相适应的观念。上网聊天或游戏与学习成绩并不一定是冲突的关系。青少年使用互联网，不仅仅是为了学习，互联网有许多功能，可以用于培养孩子的科学兴趣、探索精神、平等参与精神、创造精神等。这对孩子的发展有至关重要的意义，家长不要因为担心孩子浏览色情信息就严格禁止他上网，这样只能适得其反。

学习应用互联网的安全规则和相关知识。很多父母不了解网上安全规则或技术措施。但所有父母，尤其是年龄较小儿童的父母应该学习这部分内容，以保证监护权能有效的实施。

了解孩子经常可能使用的网站。如果孩子经常使用外文或国外网站，应该考虑其网站是否有"网锁"装置？为了保障儿童安全，通常采用过滤软件将有害信息过滤掉，或关闭某些网站、新闻组和聊天组。父母可直接选入能提供"网锁"装置的商业服务网。

关心孩子的个人成长。孩子可能受互联网的影响，但这种影响不是孤立的，它与孩子的身心发展、自我认识以及对环境的感受有非常密切的关系。父母应该善于发现孩子在生活、学习、交往中遇到的障碍，帮助孩子在现实生活中获得成功和快乐，建立平等的家庭文化，这会在很大程度上避免互联网的负面影响。

相关链接

网络的大容量、互动性、隐秘性、易检索的特点深受青少年的喜爱，许多青少年利用网络来浏览自己关心的问题和内容。网络为扩大青少年的信息量、提高学习兴趣、促进思维的发展提供了强有力的帮助。但任何事物都具有两面性，在给人们生活、学习带来便利的同时，网络也给人们带来负面影响。

黄色网站对青少年的危害越来越大。除了一些国际黄色网站外，国内的黄色网站也时有出现。由于青少年上网往往避开家长的监护，加上家长的电脑知识往往不如孩子，因此要控制青少年浏览黄色网站是很困难的。再加上黑网吧的泛滥，所以网络黄潮对青少年生理、心理健康的危害是不能低估的。

网络游戏荒废了很多青少年的学业。网上游戏使一些青少年上网成癖，终日沉溺于游戏之中。很多不能在现实生活中实现的东西，在游戏的虚拟世界中都可以实现，这使很多自控能力差的孩子得到了一种精神上的安慰和宣泄，导致很多青少年沉溺其中，不能自拔，对学习不感兴趣。

"网上交友"更是别有用心之人经常光顾的诱骗青少年的地方。有些犯罪分子在网上搞色情活动，诱惑青少年。天真的孩子在网上认识陌生朋友，从认识到无话不谈，往往只需一两小时，过后便向"网友"提供自己和家庭信息。而一些不法之徒披上"网友"的外衣骗取涉世未深的孩子的信任，在随后的交往中，女生网民遭受侵犯的事件屡有发生。

少年黑客的不断增加。通过病毒侵扰破坏他人网站是电脑黑客经常做的事情，而当今网络时代是多数黑客出少年。他们绝顶聪明，却不讲法律。国内外多次出现一些青少年黑客攻击网站的事件。在虚拟世界里，这些少年黑客忘记了现实社会生活中规范人们行为的道德准则，社会的传统习惯和舆论力量对他们已不复存在，他们以为谁最具有网络入侵和破坏能力，谁就是最光荣的。

我讨厌英语老师

——孩子不喜欢老师怎么办

　　妈妈发现最近宁宁的情绪特别低落，甚至不想上课，临近高考了宁宁也是不紧不慢地继续他的生活，这让妈妈很担心，不知道宁宁为什么会这个样子。妈妈问宁宁，宁宁也只会摇摇头不说，就回到自己房间里，锁上门做自己的事情了。

　　最后，妈妈无奈得只能打电话询问宁宁的近况。宁宁的班主任反映宁宁平时特别爱上英语课，尤其是特别喜欢新来的英语老师，但是不知道为什么原因，宁宁近来在英语课上经常溜号，也不按时完成英语老师布置的作业，而英语老师叫宁宁回答问题的时候，宁宁也只是说不会。现在，宁宁的英语成绩一落千丈。

　　后来，宁宁的妈妈通过宁宁的好朋友赫赫了解到：宁宁原来特别喜欢回答英语老师的问题，但是因为有一次英语测试宁宁没有考好，老师就批评了宁宁，结果宁宁就觉得英语老师讨厌自己，自己也越来越不喜欢英语老师了。

孩子为什么会这样？

　　有些孩子不喜欢某一位老师，于是不愿意上那位老师的课，作业不爱做，勉强应付，结果师生关系恶化，孩子的学习成绩严重滑坡。家长知道了这种情况后，往往感到束手无策。

　　我们先分析孩子不喜欢老师的原因。一般来说，有以下几种可能的原因：

孩子没有得到老师的重视。老师没有让孩子当班级干部，没有给孩子一定的工作任务，甚至在课堂上很少提问他，或者老师跟某个孩子从来没有交谈过。

孩子对某科的学习缺乏兴趣，成绩不好，即使老师没有对孩子批评、责备，孩子自认为学习不好，老师不会喜欢自己，于是对老师缺乏感情。

因为纪律问题或个别错误受到老师的批评过多、过于严厉。受到太多、太严厉批评的孩子，在老师面前缺少成功、愉快的心理体验，造成感情上的隔阂。

被老师冤枉过，老师又没有认真承认自己的错误。老师教育、批评学生时，难免出现错误，有的孩子被冤枉了，耿耿于怀，产生委屈甚至怨恨情绪，与老师感情疏远。

❋ ❋ ❋ ❋ ❋

要解决孩子不喜欢老师的问题，必须分析具体原因是什么，找准了原因，再思考解决措施。从分析中往往可发现，老师应承担一定责任，而我们家长又不便于直接给老师提出意见，要求老师改变教育行为。所以，家长应该采取加强沟通、逐步建立感情基础的方法。

父母该怎么办？

对孩子认真进行尊师教育。学生必须尊敬老师，这是对学生最基本的要求之一。有了尊敬，才能建立良好的师生感情。教师也是人，难免有缺点、有错误，如果因为教师工作中有缺点、有错误就不尊敬，那是不对的。最忌讳的是家长站在狭隘的立场，对老师评头论足，一旦家长对教师失敬，再教育孩子是很难的。

如果家长能讲讲自己尊师的故事更好，有的家长带着孩子一起去看望自己的小学、中学时代的老师，肯定是很好的尊师教育范例。

家长也可以到学校跟老师交谈，请老师给孩子成功的机会。孩子不

喜欢哪位老师，家长先主动与这位老师沟通。家长这样做，会促使老师自省。当老师态度平和之后，家长跟孩子一起请教老师，当面分析孩子的优点与不足，请求老师在课堂上或课下给孩子一定的表现机会，让孩子完成力所能及的任务。

指导孩子主动向老师表达自己的心意。 教师节或元旦、春节，指导孩子自己动手制作小纪念品赠给老师。还可以几个同学一起利用节假日去看望老师。

指导孩子给老师写书面材料。 有的孩子出于害羞、胆怯，与老师面对面沟通心里发怵。在这种情况下，可以指导孩子以书面形式与老师交流。让孩子把自己的思想、缺点、意愿如实写出来，请求老师的指导、帮助。这样的内容，可以写成单独的书信，也可以写在周记本、日记本里，请老师批阅。

最后，如果发现有的老师在教育言行中存在严重的问题，则应采取适当的方式向学校领导反映。

相关链接

最不受学生欢迎的十种老师

乏味型。这类老师是批评的焦点，他们讲课大多没激情，课堂氛围死气沉沉，用学生的话说："五分钟能让你去见周公。"

照本宣科型。这类老师是典型混日子的，拿着课本照念。听他们的课，犹如嚼蜡，没半点味道可言。

傲气十足型。有些老师觉得自己很有经历，留过学，见过世面，就很喜欢在学生面前"现"，却不知学生对其有多反感。一个学生就很不满自己的英语老师，说："真是误人之弟，去了几年国外，就尾巴翘得老高，什么都是国外怎么怎么的，都是她讲课的话题，满脸了不起的样子。"

滔滔不绝型。这类老师讲课像在赶场，很忙，一节课下来，感觉说话都不用喘气，霹雳啪啦，犹如滔滔江水连绵不绝，学生只管面无表情听着就行。结束语一般就是："由于时间关系，这小节就不讲了，那些内容就回去看看行了，不过考试的时候还是会考……"

天马行空型。从屈原到澳洲袋鼠，从古生物化石到肯尼迪被杀的子弹，这种思维你能想象吗？有的老师就有这么厉害，思维不是一般的跳跃，东拉西扯，一节课下来都不知道讲的什么。

沟通障碍型。有知识却倒不出来，表述不清，他讲得累，学生听得更累。这类老师可能比较适合做研究型学者。

自恋型。"每个人都要有一双好鞋，最不幸的就是有的人已经有了这双好鞋，却不知道，还在拼命寻找；而有的人却自认为已经有了这双好鞋，不停地拿着一双不怎么样的鞋在人前到处炫耀！"一个学生的言论精彩地说明了这类老师的特性。把奋斗史当必修课来讲，炫耀自己的成就成为他们教学的一部分，很多学生对上课内容也许记住不多，却能对老师的成就史倒背如流。

方言型。"浮（湖）南和浮（湖）北在偶（我）国的什么位置"，一口浓重的方言会让你听起来不知所然。身为老师，一口标准的普通话是起码的职业要求，而有的老师却普通话不过关，给学生的听讲带来困难。

邋遢型。为人师表，既要表里，也要表外。有的老师可能太专注教学了，对外表着装不太在意，却不知在学生心里留下了不小的影响。有的学生就反映自己的老师："不太注重自己的个人卫生，经常头发乱蓬蓬的，衬衫也不知道多久才洗一次，看着真让人不舒服。"

钻牛角尖型。这类老师严厉十足，上课容不得半点杂音，学生一不小心踩到禁区，马上就会把课停下来，立即严厉惩罚学生，给学生心理造成负担。

我只爱学语文

——孩子偏科怎么办

周锐是班上的学习委员，但是他仅仅是主科功课成绩优异而已，对于"非主流"科目，他从来不花心思，也不感兴趣，因为那些"非主流"科目不代表他的"实力水平"。

可是，随着年级的升高，在"主流"科目上，周锐的成绩也开始"此起彼伏"起来，特别是数学成绩的下滑，这让他的父母和老师忧心忡忡。

周锐并非是除了学习什么也不关心的人，恰恰相反，他非常喜欢阅读文学著作。班上的大多数男孩子都不大喜欢读书，可周锐却与众不同。三年级是一个小学生对汉字的掌握还不完善的阶段，可是周锐已经开始向《水浒》、《西游记》、《三国演义》这些名著发起"攻击"了。

当他第一次与父母谈起《水浒》中人物的"绰"号时，虽然因为不认识这个字而念成了"掉号"，却让父母十分兴奋，因为他们发现了儿子的优秀之处。于是，父母便在周锐的房间里面放了很多中外名著，让儿子随意阅读。

等到后来，同学们在讨论那些根据名著改编而拍摄的电视剧时，周锐是班上唯一一个能说出电视剧剧情与原著内容差别的同学。老师虽然没有在课堂上表扬过他，但在行动上已经表现出要支持他继续阅读。

可是现在周锐的成绩下滑得厉害，老师当然也要为他操心了。经过老师的家访、父母的反复谈心，大家一致得出了结论：周锐的

偏科是因为文学阅读使他对数学运算的兴趣减弱了。

孩子为什么会这样？

　　学习偏科是比较普遍的现象。其主要有这几种情况：有文科偏差或理科偏差；有单科成绩好，其他课程一般；还有其他各门功课都很好，只有一门较差，如外语等。这几种情况到了高中则更加普遍。作为家长，应仔细分析孩子偏科的原因，找出解决的办法。

❈　❈　❈　❈　❈

　　孩子偏科主要有下列几大原因：

　　兴趣使然。兴趣与家庭、学校、社会环境关系很大，拿家庭环境来说，"体育世家"的孩子喜欢体育，"音乐世家"的孩子偏好音乐等。在学校中，教师的教学艺术及人格魅力也可能使学生"偏科"。在现实生活中，有些学生喜欢数理化，而对语文、历史、地理等学科一筹莫展，而有些学生则恰恰相反。这与学生抽象思维能力较强而具体形象思维能力较弱也有关系。

　　过早将课程分为所谓的"主课"和"副课"。有些孩子、家长和教师过早地将所学习的课程分为所谓的"主课"和"副课"，凡升学考试和未来高考课必考的科目为"主课"，其余则统统为"副课"，重视"主课"，忽视甚至轻视"副课"。更为严重的是，一些家长和老师还积极支持孩子这种"偏科"行为。

　　教师问题。孩子偏科学习，受教师影响较大。孩子偏爱某一学科往往是由于喜爱任教该科教师所致。偏爱某一学科，能使其提高该科学习成绩，而好的学习成绩，又强化了对该科的喜爱，这样就形成良性循环；反之，孩子如果不喜欢某个老师，也往往不喜欢某个老师所教的学科，久而久之，学习成绩下降，丧失对学好这一学科的信心，这就导致了恶性循环。如某个孩子不喜欢语文而喜欢数学，原因是：语文老师总

是批评他，他对语文越来越没兴趣；但数学老师则不然，他有一点进步，老师就给他鼓励和表扬，于是他越学越有劲。就这样，语文成了该生的"弱科"，数学成了该生的"强科"。

家庭影响。家庭特殊的文化氛围和家长的某些爱好以及家长职业差异也会诱发孩子偏科。如家长爱好文娱，家庭艺术氛围浓，则孩子往往偏爱音乐；家长爱好体育，喜欢活动，则孩子偏爱上体育课。曾有专家调查过教师的子女，发现家长是语文教师的，孩子爱学语文，家长当数学教师的孩子爱学数学。

学生自身的原因。孩子偏科往往是由兴趣差异造成的。兴趣是学习的动力，孩子重视感兴趣的学科，轻视讨厌的学科。孩子对某门学科兴趣较强，就产生学习动力，便能主动积极地去学这门课；反之，对某门学科兴趣弱或没有兴趣，孩子自然不愿把工夫下在这门课上。很多老师反映健康课、劳动课不好上，原因是孩子对这两门课没有兴趣，加上又不是考试科目，孩子自然懒得去学习，有的索性弃而不学了。

父母该怎么办？

关于孩子偏科问题，父母应该先摸清情况，仔细分析，找出原因，做到心中有数，然后有侧重地进行教育，使孩子认识到全面掌握知识的重要性。孩子基础差，家长应该帮助孩子补课，如自己没这方面的知识，可到学校请任课老师帮助，或请家庭教师进行补课。关于兴趣问题，根据孩子不同的学习兴趣特点进行培养。兴趣差的，应通过教育强化，如针对数学差的孩子，可跟他讲清数学是一切自然科学的基础，是学好物理、化学的基础。通过教育提高认识，既可以培养孩子的兴趣，又可以克服消极情绪，还可以调节多种兴趣间的关系，使其成为孩子学习活动的有利因素。如果对某一门学科兴趣太强而无法控制，应引导孩子向其他课程兴趣方向发展，取得综合平衡、互相促进。

要随时对孩子取得的进步给予肯定。孩子在小学低年级对学科尚未形成稳定的、内在的兴趣，只是喜欢不喜欢、爱不爱的问题，他们的学习动机大多也是外在的。当孩子对所畏惧的学科产生点滴兴趣或取得进步时，家长要抓住时机，对孩子的进步给予赞赏，进而激发孩子对所畏惧学科的热爱，并产生兴趣，并进一步转化为学习的动力。

要因势利导，引导孩子喜欢自己不感兴趣的学科。对讨厌上数学课的孩子，家长可以让孩子去采购物品，让孩子在买东西中学会计算，使其感到数学正确的重要性。不喜欢作文的孩子，家长应多与孩子交谈，并选择一定的情景为话题，通过情景描绘，培养孩子对作文的兴趣。

让孩子在体验成就感中，对不喜欢的学科产生兴趣。有的孩子遇到生字或不理解的字词，不愿查字典，认为费事。在这种情况下，家长在遇到不认识的字或解释不清的词，有意识地请孩子去查，使孩子感觉自己在家里很有地位，很受重视，自己学的知识很有用。久而久之，孩子就会产生浓厚的求知兴趣。

总之，当孩子出现偏科现象时，家长切莫忽视，掉以轻心。纠正孩子偏科的办法很多，家长一定要结合孩子偏科原因，采取恰当的方式，培养孩子的学习兴趣，促进孩子全方位发展。

相关链接

偏科首先是一个心态问题，有些孩子对有的科目不感兴趣，用在上边的时间不多，而在那几门感兴趣的科目上肯于下工夫，结果就出现了成绩不平均的现象；还有的孩子某个科目总是学不好，久而久之就对这个科目产生了恐惧心理和排斥心理，成绩也就越来越下降。对于这些孩子来说，只有先解决了心理方面的问题，才能着手解决偏科问题。

那么，在孩子克服了偏科的认识问题之后，在学习方法上应该注意些什么呢？家长们可以向他们提供以下方案：

❀时间上从短到长

凡是不擅长的学科，孩子大都是不感兴趣的。因此，如果一开始你

便在差的科目上投入大量时间，必然会倍增烦躁与厌倦。正确的方法是按照学习目的制定出一份时间表来。比如你今天只复习某一科的某一小节，时间不超过半小时，在这半小时里踏踏实实地把这一小节搞定了，就改学别的科目。时间一长，对差科的学习兴趣就会逐渐培养起来了。还可以将差的科目夹在强的科目中学，时间同样不要太长，以避免枯燥无味的学习。

✳做题从简单的入手

对于自己不擅长的科目，不要一上去就选那些太难的习题做。因为你在这个科目上基础差，做难题只会浪费你的时间，摧毁你的自信心。正确的方法是从简单一些的习题入手，牢牢掌握课本上最基础的知识，在确保自己对简单的题目已完全掌握后，再适当提高题目难度。

✳找出差中之差

即使是对于差的学科，你也并不是所有问题都一无所知，有些问题还是略知一二的，真正拖累你的是这个科目中某一点或两点。如果你能把这个差中之差找出来，来一个强化或突击性的训练，就可以在短时间里有一个较大的提高。到了那时候你会发现，原来你的差科并不那么差呀！

✳自我摸底

在经过了一段时间的努力后，你觉得对差的科目仍然心里没底，不知学得如何，这时候你可以找一份试卷来，像真正考试那样做一遍，做

完后对着答案自己打分，这就像彩排一样。如果彩排的效果很好，正式演出也不会差。你也可以请一个家庭教师来，让他帮助你把这段时间的所学加以整理，然后考一考你学得怎么样。如果你考得不差，那么你就应该有信心了，你的差科现在已经不差了。

我个子矮，是个三等残废

——帮孩子摆脱自卑情结

    高二三班有一名男生叫张晓亮，他相貌平平，学习成绩也只能算中等，最令他烦恼的是他个子很矮。他固执地认为："从外貌上看是低人一等，其他方面也一定是这样。"就是因为这种想法，他走路时从来都不抬头，在班里总是默默无闻，学习刻苦，成绩却不见长进。

    一次，他在去食堂的路上听到后面有女生议论："男生不到一米七的都是二等残废。"他的头"嗡"地一下，原来自己还是个残废啊！从那以后，原来就不自信的他更加自卑，上课从不开口发问，也从不举手回答问题，只是自己埋头苦学，成绩却一天天地后退……

孩子为什么会这样？

    自卑心理在不同的人身上有不同的表现。对正值青春期的高中生而言，主要有三个方面：首先是生理上的原因，如个子过高或过矮，身材过胖或过瘦，长相不够漂亮，身体有残疾缺陷，等等。其次是智力上的原因，如记忆力差、思维迟钝、学习成绩欠佳等等；再次是性格上的原因，如觉得自己过于内向或过于外向、不够坚强、优柔寡断等。

    当孩子进入青春期后，自我意识增强，开始独立地观察、分析社会，用自己的观点评价他人，也极其重视他人对自己的评价，非常关心"我"在别人心目中的形象。并且孩子学会开始重新审视自己，用挑剔

的眼光寻求自己的不足，并常常将其夸大。每个人都在自己心目中塑造了一个理想、完美的自我形象，越希望向"他"靠拢，越发现理想与现实的差距，于是暗自滋生不满、失望和悲观。

�֍ ✖ ✖ ✖ ✖

长期被自卑情绪笼罩的人，一方面感到自己处处不如人，另一方面又害怕别人瞧不起自己，逐渐形成了敏感多疑、多愁善感、胆小孤僻等不良的个性特征。自卑使他们不敢主动与人交往，不敢在公共场合发言，不思进取。自卑不仅会使心理活动失去平衡，而且也会引起人的生理变化，最敏感的是对心血管系统和消化系统产生不良影响。生理上的变化反过来又影响心理变化，加重人的自卑心理。

孩子一旦产生自卑心理，不仅影响工作学习的进步，影响人际关系和交往，还会对人生、社会形成错误的看法甚至走向反面。

父母该怎么办？

父母要了解和尊重孩子。了解是指导的必要前提。因为处于青春期的孩子随着自我意识的逐渐觉醒和日益增强，一般来说都具有很强的自尊心，同时这种自尊心也很脆弱。

一位颇负盛名的中年画家，在回忆自己成长的过程时，曾说起他少年时代的一段往事。

那是在他上小学时的一个课间，他和几个顽皮的孩子趁老师不在教室，便在黑板上胡乱画起来，有的画头、有的画花，偌大的一块黑板，被几个孩子的杰作占去了一半。待下节课的老师走进教室时，他们已来不及擦掉了，只好争先恐后地逃到座位上等待老师的批评。

果然，老师大怒，他让大家把那些"创作"擦掉，唯独留下这位未来画家的"处女作"，而且下课就把他叫到办公室。

"那是你画的吗？"老师严肃地问。他只好不安地点点头。

"哈，"老师突然眼睛一亮，换上一种极其兴奋的口气说，"你画得

很好，千万不要半途而废呀！"这出乎意料的激励，使这位"小画家"的心中泛起了希望的浪花，因为这位老师没有责备他，没有伤害他的自尊心。正是这位老师温和的批评才会使得画家鼓起心中的勇气，一直坚持学习美术，最终成为一名画家。

帮助孩子树立自信心。帮助孩子树立自信心，是克服自卑心理的关键所在。在困难和各种挫折面前相信自己能力的人，就不会自暴自弃。

要丰富孩子学习的知识，培养其各方面的才能。不在一件事情或在挫折上"打转转"，而是对各门学科知识和各项活动都表现出极大兴趣。况且，有了各方面的才能，他就不会在同学面前感到不行，而是什么都想"露一手"。要克服孩子的自卑心理，家长应根据他们的兴趣、爱好来培养他们，如：绘画、唱歌、书法、乐器、阅读等。为他们的表现和发展提供充分的条件和正确的引导。

要坚持以表扬为主。美国总统林肯曾说过："每一个人都喜欢别人的赞美。"家长要对孩子细心观察，对于他们的点滴进步和微小的成绩都要及时地、热情地给予表扬，使他们产生一种愉悦感。多次、反复地表扬会使他们巩固优点，克服缺点，产生自豪感，增强自信心，从而能够做得更好，超越自卑！

总之，对于这些处于青春期的孩子们，随着自我意识的逐渐觉醒和日益增强。作为家长，首先应该体谅孩子，了解孩子；其次，多表扬、少批评，帮助他们树立自信心，使之克服自卑，增强自信。

相关链接

帮助青少年走出自卑心理的八大法：

❋改变形象法

心理自卑的孩子，通常具有说话吞吞吐吐、走路畏缩等特点。从说话的音量、走路的姿势入手，便可改变他们的心态。昂首阔步的举止以及整洁大方的打扮也能提高自己的信心。对有自卑心理的孩子应特别注意教育他们改变自己的形象：穿着整洁大方的服装，讲话爽快，走路昂首阔步等。

✲语言暗示法

积极的语言能使人产生积极的情绪，改变消极的心态，因而家长可以有意识地用"你聪明"、"你一定行"之类的语言为孩子打气，或是在此基础上，让孩子根据自己的实际情况，每天上学之前都念上几遍，在语言暗示之后再满怀信心地去上学。

❈预演胜利法

每当孩子遇到困难、不敢接受挑战时，就要求他们先在头脑中想像完成任务时的胜利情景。这种白日梦式的预演胜利法，对于帮助孩子战胜恐惧心理、愉快地接受富有挑战性的任务，具有立竿见影的效果。

❈发挥长处法

"尺有所短，寸有所长"。每一个人都有自己的长处和优势，同时，也有自己的短处和劣势。如果用其所短，而舍其所长，就连天才也会丧失信心，自暴自弃；相反，一个人若能扬长避短，强化自己的长处，就是有残疾的人也能充满信心，享受成功的快乐。因此，要消除孩子的自卑心理，就要善于发现他们的长处和优势，并为他们提供发挥长处的机会和条件，这也是帮助孩子克服自卑心理的关键。

◈储蓄成功法

自信是成功的保证，自信也是建立在成功的经验之上的。科学家研究表明，每一次成功，人的大脑便有一种刻划的痕迹——动作模式的电路纹。当人重新忆起往日的成功模式时，又可重新获得成功的喜悦。在消除孩子自卑心理时，为了能让他生活在成功的体验之中，行之有效的方法就是指导他建立成功档案，将每一次哪怕是非常小的成功与进步都记录下来，积少成多，每隔一段时间就拿出来看看，经常重温成功的心情，这样能使他信心百倍地去克服困难。

❋洗刷阴影法

失败的阴影是产生自卑的温床。有自卑心理的孩子遇到挫折与失败比一般孩子要多得多，及时洗刷失败的阴影是克服自卑、保持自信的重要手段。洗刷失败阴影方法很多，较为常见的有两种：一是家长要帮助孩子将失败当做学习的机遇，认真分析失败的原因，从失败中学习和吸取教训，总结经验；二是彻底遗忘，家长要帮助孩子有意将那些不愉快的、痛苦的事彻底地忘记，或是用成功的经历去抵消失败的阴影。

❋逆向比较法

没有比较就没有鉴别，要认识自己就得拿别人来做比较。我们通常不提倡逆向比较，即用自己的长处去比别人的短处，但对于"羡人之长，羞己之短"的孩子来说，采用逆向，选择别人的短处作为比较的对象，对于消除自卑心理，达到心理平衡能收到意想不到的效果。

❖降低追求法

一位哲人说过："追求越高，才能的发挥就越充分。"对于后进孩子来说，与其空谈立志，还不如让这些孩子适当降低追求，让大的目标分解成若干个小目标，做到一学期、一个月、甚至一个星期都有目标可寻。目标变得小而具体，就易于实现，这样一来孩子会经常拥有成功感，可以更快地进步。

你们快把我逼疯了

——父母对孩子的高要求

露露在班里学习成绩处在第六名，成绩本来已经很优秀了，可是她却因为自己的成绩时常有死的念头。原因是露露的妈妈对她的期望特别高，总希望她在班里考第一。

可是露露自己不管怎么努力却始终考不到第一。这个目标达不到，她就觉得对不起自己的妈妈。在这种愧疚的心理下，露露有好几次都想跳窗自杀，在她看来，妈妈对她那么好，可是自己始终不能满足她的希望，她觉得实在没有脸面活了……

孩子为什么会这样？

在许多家庭中，虽然孩子的成绩很优异，已经达到了令其他同学羡慕不已的地步，可这并不能使家长满意，因为许多家长的最大满意值是第一名或双百分。如果孩子的成绩达不到父母规定的标准，随之而来的不是帮孩子分析考不好的原因，以寻找解决问题的办法，而是严厉的批评、激烈的责骂、加倍的作业，有的甚至是拳脚相加。这些错误的做法不仅不能提高孩子的学业成绩，很多的时候还会给孩子造成较大的心理负担，甚至是产生对学习的厌烦和憎恨。

高考越来越近了，缪凡每天疲于奔命在各个补习班之间，家里还给他请了家教。由于补习，缪凡的作业也就堆积如山，晚上要做到很晚才

能睡，早上还要早早地起床背英语。缪凡已经很久没有看过电视，没有逛过街，没有打过电脑，没有看过小说。尽管如此，父母似乎还是不够满意，因为缪凡的成绩并没有多大的起色。而缪凡也开始有点沉不住气了，付出的努力没有任何回报，他越来越不想过这种枯燥的生活，不想再参加补习班，不想再早起背英语……

诚然，家长在学习上对孩子提出一定的要求是必要的，但如果期望过高，则会适得其反。这时，孩子会觉得自己无论怎样努力也达不到父母的要求，无论怎样努力都是失败，渐渐地就会失去信心，对自己的能力产生了怀疑，进而会把学习当成一件可怕的、痛苦的事情，厌学情绪也会油然而生；有的极端的孩子干脆来个"死猪不怕开水烫"，认为反正达不到要求，索性放弃！

父母该怎么办？

做父母的或许都有过这样的体验，孩子的学习成绩时刻牵挂着每位父母的心，但对于自己的孩子千万不能太苛刻。有的家长会说："其实我们觉得孩子已经很优秀了，但是又怕他会因为自满而懈怠，所以才对他提出更高的要求。"殊不知，孩子的心灵毕竟很脆弱，他们经过自己的努力仍达不到父母的要求，就会变得对学习没有兴趣，甚至是对自己的生活失去信心。作为父母应该明白，自己看重的是自己的孩子，而不是分数和名次。因此，家长要保持自己的平常心，家长要根据孩子的实力、平时成绩及模拟考成绩，制定切实的目标和期望，将自己的期望值调整到适当的位置。

其次，家长不能只关心孩子的成绩，而不顾孩子内心的真实感受，家长要多与孩子沟通，了解孩子的真实期望。只有家长建立了与孩子之间的相互理解信任、在良好沟通的基础上调整适度的期望，才能使期望成为孩子学习的动力。

相关链接

家长要给孩子恰当的期望

❋要给孩子恰当的期望，家长首先要对孩子有真挚的爱

用真爱去教育孩子，孩子会更有人情味；用真爱去期望孩子，孩子会更有上进心。可是，有的家长从孩子上学的第一天开始，就向孩子灌输光宗耀祖、出人头地的价值观；有的家长对孩子的学业关心有加，可对孩子的心理素质、品德修养很少过问；有的家长则认为要严格管教、天天督促，不听话就打、不进步就骂。殊不知，这些正是非真爱的悲剧的根源。没有真爱的期望是缺乏感召力的奢望；没有真挚的期望是冷漠无情的苛求！

❋给孩子恰当的期望，更重要的是要注意期望的"度"

心理学研究表明，期望过低，孩子意识到家长对他期望很少，孩子的自尊心会受到严重的伤害。期望过高，很少或者没有实现的可能性，不但无益，反而有害。因为，在努力的过程中，孩子享受不到实现家长期望的快乐，家长也感受不到子女的成功，这样大家都会因失望而丧失行为的动力。再者，过高的期望会加重孩子的心理压力，不利于孩子的心理健康。

◈给孩子恰当的期望，还必须注意期望的"面"

目前，许多家长只是对子女的学习提出期望和要求，而对他们的思想品德、为人处事、兴趣爱好缺乏必要的期望和关心，甚至错误地认为，学习成绩好就是好学生。于是，不要孩子干家务，不让孩子看电视，甚至节假日也不让孩子有活动的自由。有个中学生节假日去同学家玩，竟发现同学被父母反锁在家里。结果，他们只能隔着防盗门进行交谈。在父母的高压之下，孩子的世界越来越小，孩子对父母的感情却越来越淡漠，而孩子的社会责任感也越来越下降。

每次考试前我就头晕

——孩子得了"考前焦虑症"怎么办

　　小岚是一名高三的学生，学习成绩一向很优秀，在班级经常能排进前十名，家人都希望她能考入重点大学。去年离中考还有两个月时，小岚突然说自己头痛、心慌、身体不适，无法参加学校月考了。从那以后，只要一提高考，小岚就面色发灰、惊恐不安，后来就开始不吃饭，还说自己头痛、肚子痛。无奈之下，家里只好为小岚了办理了休学手续，让她在家休息，连高考也没参加。

　　不料今年高考临近时，小岚又开始一听到考试就头晕、惊恐，甚至有几次都晕了过去，没有办法，小岚的妈妈只好带她去看心理医生。

孩子为什么会这样？

　　临近高考，很多考生将要走向考场。在这关键的时刻，却有很多考生陷入了焦虑当中。如，有的人担心自己考试失败；有的临近考试了，却怎么也看不进书；有的人盯着书本，心却一阵阵地慌乱，一直在想"我该怎么办"……

　　参加高考的学生问题虽然各有不同，但其表现通常为尽管感觉复习的任务十分繁重，内心也感到时间的紧迫，但在行动上却怎么也紧张不起来，不能静下心来认真地复习。因此，他们内心十分烦燥不安，对时间的白白流失非常懊悔，并对自己的这种状况百思不得其解。这实际上是考前的一种焦虑反映。

❈ ❈ ❈ ❈ ❈

引发考试焦虑症的主要原因分析如下：

对升学的担忧是导致孩子心理紧张的主要原因。上高三的孩子绝大多数都有升学的渴望，希望考上大学，特别是考上名牌大学。然而，高考毕竟有很强的竞争性，并不是每个人都能如愿以偿，这就必然引起考生对升学的担忧，从而导致他们内心不安、焦急与紧张。

高考科目多、任务重，搞题海战术是导致孩子考试焦虑的关键所在。一些老师为了抢时间，提高自己所任学科的成绩，大量订购复习资料，搞题海战术，结果孩子只能靠拼脑力、体力来应付，每天除吃、睡外，几乎所有时间都用在做题、背资料上。当孩子长期辛劳而学习成绩得不到提高时，往往会失去学习兴趣与信心，陷入极度悲观、焦虑之中，个别孩子甚至会逃学、出走。

家长的过高期望与要求，给孩子增添了焦虑情绪。家长通常对子女的学业要求很严，期望过高。同时，家长对教师水平的评价也是以孩子升学率为标准的，从而促使教师与家长一起对孩子施加压力，这就促使孩子产生考试焦虑症。

父母该怎么办？

很多家长不知如何疏导孩子情绪，为了不给孩子增加压力，不断提醒孩子"不要紧张，放松心态"、"考不好没关系"，其实这本身就是一种焦虑感。有的家庭，因为孩子进入高三就改变日常生活环境，全家人小心翼翼，这种氛围更会强化孩子的焦虑情绪，担心家人付出那么多自己日后无法回报。

孩子在这种环境下习惯于压抑情感，与家庭沟通不良，不安全感和独自承受的焦虑情绪就会在偶尔因睡眠问题导致考试失利的触发下倾泻而出。如：总是担心别人会怎么看自己的笑话，老师对自己是否会失望，父母对自己是否满意，甚至想到以后的生活，从而导致"考前焦虑

症"。

　　高考的焦虑和压力是每个孩子必须面对的问题，家长不要因孩子出现焦虑便认为不正常，过分担心。事实上，适度的焦虑有助于注意力的集中和能力的发挥。父母过分关注孩子的焦虑情绪反而会把问题放大，所要做的是帮助孩子把焦虑程度恢复到正常水平。

　　避免加压不是说对高考导致的情绪问题避而不谈，其实孩子在经历高强度压力时，内心很希望父母能给予一定的支持和鼓励。当孩子出现性格改变、烦躁、爱发脾气，家长不要刻意回避或对孩子指责攻击，也不要马上要求孩子讲明缘由，最好的方式是沉稳地陪伴，待其情绪得到宣泄后再尝试去了解其心结所在。

　　不论孩子的情绪是否稳定，家长应试着做一个倾听者。沉着和陪伴表达的是："我很在乎你"、"我想知道你遇到了什么事"、"虽然你现在的状态让我觉得不安，但无论怎样，我都爱你"。当孩子接受了父母的这些表达，感到安全和可信任后，和他讨论怎样更好地表达自己的情绪，就是一件简单且能促进亲子关系的事了。

　　父母可以和孩子商量制定一个合理规范的作息时间。这样一方面，可以了解孩子每天的大致安排，促进与孩子的交流；另一方面，具体化的目标比较具有可实现性，也可让孩子感到踏实。最好能设置阶段性的目标。如，孩子这一周的学习任务有哪些？我需要付出哪些努力来达成

哪些目标？目标不宜过高或过低。每周安排一定的放松活动，给孩子自主的生活空间，把安排的决定权给孩子，不要一味地把所有事都设置好，或提供很多孩子不需要的东西，应尝试去体会孩子真正的需要，做到平等地交流。不要总是去评论、批判，更多地要尝试换位思考，体会孩子的感受。过分紧张时，你可以尝试做一些让呼吸和身体放松的运动，最好配合轻柔的音乐，效果更佳。

家长要引导孩子面对现实，放眼未来。告诉孩子无论高考的结果有多么糟，这件事都已经成为生活中的过去时，我们都要一起面对。可以和孩子探讨第二年复读的计划，也可以考虑先就业再上学，讲明学习的途径很多，成才的标准也不是只有高考成败这一项。

❁ 相关链接

孩子高考前几天的调节策略

❋作息时间的调节

制订作息时间计划。考前最后一个星期，学校几乎都会停课，让孩子自己回家复习，这时需要意志力坚持最后的冲刺。应该把每天的复习功课、文体活动、休息与睡眠的时间进行合理安排，并制订出计划贴在容易看见的地方，防止在家忙乱地复习，使生理节奏感与心理节奏感增强。

调整生物钟。按照高考上午开始时间与下午开始时间复习功课，有助于进入高考状态，充分发挥已掌握的知识。

调整睡眠。根据自己的情况把晚间睡眠调整到 10 点左右，早上 6 点或 6 点半起床。

❋考场心态的训练

以高考心态做试卷。考前以高考的心态做试卷，到高考时就才会有平常心。如果认为自己已经做了好几个月的卷子了，临考前一个星期不

做，看看就行了，可能会导致考试时手生，影响发挥。

不想考试后的事。由于高考是一场持久战，在看到黎明的曙光时，容易展望未来，但这时还不是展望的时候，提前去想考后的安排容易分散注意力。考前是集中心思、全力以赴迎考的时候，千万别高兴得过早。

不再做难题、偏题、怪题，以免自信心受打击，因小失大可不划算。

❖最后的冲刺

抓住最佳记忆时间。心理学研究证明，早晨起床后半小时和晚上睡觉前半小时由于不受前摄抑制、后摄抑制的影响，记忆效果最好。因此，应在早晨起床后半小时及晚上睡觉前半小时复习最关键、最重要的课程内容。

❖身体状态的调整

参加自己喜欢的文体活动，以便调节情绪、消除疲劳、养精蓄锐，以稳定、饱满的情绪迎战高考。但参加体育活动时，切忌剧烈运动，防止受伤。另外，注意饮食卫生，防止胃肠疾病。

我才不帮她，让她超过我

——孩子的狭隘思想

　　丽丽在高中学习成绩总是排年级第一名，老师经常在班上表扬她，同学们看她的眼神里也总是充满着羡慕。她功课好，所以大家有什么问题都去问她。刚开始，她虽然不情愿，可还是有求必应。

　　后来，她就干脆拒绝了，原因是惧怕别人超过她。同学们经常议论："她怎么那么小心眼啊，你看人家张秋桐，学习虽不如她，可也没像她那样。"渐渐地，她的成绩依然优秀，老师依然在班上夸奖她，只是校园里的她永远只是孤单一人，身边不再有围绕她的同学……

孩子为什么会这样？

　　孩子小心眼、思想狭隘在思想上表现为：遇到一点委屈或很小的得失便斤斤计较、耿耿于怀。有的孩子听到老师或家长一两句批评的话就接受不了，甚至痛哭流涕；有的对学习、生活中一点小小的失误就认为是莫大的失败、挫折，长时间寝食不安。这些情况在女孩子中比较多见。它在行为上又表现为：人际交往面窄，追求少数朋友间的"哥们义气"，只同与自己一致或不超过自己的人交往，容不下那些与自己意见有分歧或比自己强的人。这些情况在男孩子中表现突出。

❋❋　❋❋　❋❋　❋❋

　　处于青春期的孩子正处于人生的关键时期，他们面临的事情还有很

多很多，需要走的路也很漫长。思想狭隘的人，遇到不如意的事情不仅会使自己陷入懊恼、忧伤的恶劣心境中不能自拔，甚至还会因为不能冷静坦然地面对社会而产生迷茫。因此，家长需要帮助孩子消除狭隘心理，让孩子成为一个心理健康的青少年。

父母该怎么办？

父母要加强孩子的人生观教育。通过人生观教育，使孩子明确一个人活在世上，就要充分挖掘生命的潜能，为社会做贡献，给别人、给后人留下点有价值的东西。有了远虑则无近忧，把眼光放得远一些，自己一时的得失就算不上什么了。引导孩子把眼光放远，心胸拓宽，事事从长远考虑，处处以集体为重，对整体、全局有利的人与事就能容忍和接受了。总之，家长要教育孩子把眼光从狭隘的个人小圈子中解放出来，抛开"自我中心"，就不会遇事斤斤计较，"心底无私"才能"天地宽"。

家长需要纠正读书为上的错误思想，对孩子全方面培养。家长片面追求孩子的分数，只注重孩子的学习教育会造成孩子唯书是背的心理定势，在"高考"、"中考"的指挥棒下，孩子们死读书，读死书，知识面窄，思维缰化，久而久之习惯于以书本知识代替一切，对社会生活、人际交往中弹性较大的事情也拿严格的书本知识不折不扣地要求、衡量和评价，出现偏激的认识。

而一味的要求孩子考上好大学、出人头地的思想，则会让孩子误解为把高考视为人生中唯一奋斗的目标，造成"千军万马过独木桥"的局面，极易导致同学出现互相倾轧、互相嫉妒、彼此敌视的不良心态，影响孩子的心理健康和正常的人际交往。因此，家长应该不仅仅重视孩子的学习教育，同时也不能忽视孩子的心理教育。把孩子培养成一个具有健全人格的健康少年。同时，家长也要全方面培养孩子的各项发展，让孩子成为一个具有综合素质的人才。

提高家长自身素质，优化家庭教育。家长担负着抚养、教育子女的

责任，在对孩子言传身教的过程中影响着子女的性格。因此，家长要给子女提供模仿的榜样，必须首先优化自己的性格，给子女以良好的熏陶和感染。家庭教育力求采用民主型教育方式，养成子女诚实、开朗、团结协作、亲切友好的优良性格。

帮助孩子加强交往，摆正孩子的位置。孩子狭隘心理往往是与"个体与环境间缺乏交流"相关的，交流的缺乏，导致心胸的狭隘；而狭隘的心胸，又造成自我封闭，限制交往的开展，如此恶性循环，个性就在狭隘的坐标系统中进一步强化。为此，家长要帮助孩子扩大交际面，加深孩子与外界的了解与沟通，使孩子更透彻地了解别人与自己，增长见识，拓宽心胸。坦诚的态度、宽阔的胸襟必迎来各方朋友互通信息，彼此交流，取长补短，共同进步。

相关链接

青少年狭隘心理的产生是后天的因素：

❀封闭的生存环境

目前的青少年多数是独生子女，在家中是"小皇帝"、"小太阳"。父母望子成龙心切，早在学前阶段就教孩子学外语、弹钢琴、学绘画、背唐诗。过重的压力、繁多的"学业"，几乎将孩子的天真烂漫，以及敞开胸怀接受大自然和社会影响的机会全部挤掉。在狭小单调的空间里，他们缺乏和同龄小伙伴的群体嬉戏、追逐、游玩，缺乏与兄弟姐妹一起生活的学习机会，无论是玩具、糖果还是父母的宠爱，他们都完全独占，因而，很难培养出"谦让"、"爱别人"、"互相帮助"、"与别人合作"等精神，也不懂与别人分享的乐趣。他们心目中只有自己，极易形成唯我独尊、"自我中心"的狭隘、自私的性格。

入学之后，在父母"殷切期望"的砝码之上，又加上了老师的"谆谆教导"。双重压力使孩子的眼中只有"高分数"、"第一名"。为了它，学生放弃了班务工作，放弃了课外活动，放弃了电影、电视，放弃了适当的家务劳动，放弃了同学之间的互相帮助……总之，为了登上金字塔尖，他们可以放弃一切。诸多的放弃使孩子的生活空间大大缩小，最后只能退缩在作业、练习、书本之中。长此以往，孩子的知识结构残缺，眼界狭窄，个性偏激，心胸狭隘，人情冷漠，心情抑郁，心理处于失衡状态。失衡心态又极易造成"意识狭窄"，出现狭隘的思维。学生为追求"第一名"而表现出的孤注一掷，为取得高分数而付出的全身心的努力，又使他们极为担心失败，害怕挫折。

为此，他们嫉妒超过自己的人，敌视与自己展开竞争的人。一方面他们为维护自己心目中完美的自我形象而表现出自负；另一方面，又为自己现实中的不完美而深感自卑，为掩盖自己的欠缺而自我封闭，为防止别人的进步对自己构成威胁与伤害而担忧、猜疑……虽然竭尽全力，虽然长期经受着多种矛盾、冲突的吞噬与煎熬，也总达不到十全十美的境界。于是，他们开始身心失衡，认识偏激，稍不如意即暴躁易怒，带有强烈的神经质特点。

❋**家长的性格特点及教养方式**

家庭是社会的基本单位，父母是孩子的第一任老师。社会意识、道德观念首先通过家庭影响儿童性格的形成。父母对孩子言传身教，赏罚

褒贬，他们的世界观、信仰、思想、作风、接物待人的态度对具有高度模仿性而缺乏选择性的儿童来说，起着性格上的莫基作用。一个人如果从小就生活在"拔一毛而利天下，不为也"的家庭里，接受父母所谓的"为人只说三分话，不可全抛一片心"的教育，以"各人自扫门前雪，莫管他人瓦上霜"为人生信条，那么，在这种环境里成长的人，必定是个心胸狭隘的人。所以，许多孩子的性格完全是父母性格的翻版也就不足为奇了。

◈ **认识上的挫折经历**

青少年阅历浅，经验少，生活条件优越，成长过程顺利，平时受父母保护较多，缺乏社会生活的锻炼，缺乏独立思考、计划、安排的机会，初次遇到问题，容易把问题想得过于简单，把解决问题的过程想得过于顺利，以一种"初生牛犊不怕虎"的姿态参与实践，免不了出现貌似"果断"的言语和行为。由于缺乏深思熟虑，做出的决定虽快不准，带来的是挫折和失败。

我怎么就不如他了

——不要拿孩子和别人作比较

洋洋和淼淼是楼上楼下住着的两个孩子，又是同班学生。淼淼天资聪颖，又肯努力，所以学习成绩一直很好。而洋洋天资稍差，虽然也肯努力，可是成绩怎么也赶不上淼淼。洋洋的母亲便拿洋洋与淼淼攀比说："咱家什么都不比淼淼家里差，就是你比淼淼差。"于是，洋洋便认为自己是一个笨孩子，学习成绩越来越下降。

有一位高三的男孩子，他母亲动辄就拿孩子与她同事的孩子攀比。终于有一天，孩子忍不住了，反驳母亲道："他是他，我是我，我怎么就不如他了？你要是认为我处处不如人，你去当他妈好了！"

孩子为什么会这样？

许多父母都有这么一个习惯，喜欢拿自己的孩子与他人作比较，总觉得自己的孩子没有人家的优秀：不知不觉地会用其他孩子的优点来比自己孩子的缺点，嫌自己的孩子不够优秀："你看你的同学××多好，回回都考第一名。""你瞧××多听话，从来不让爸爸、妈妈操心。"此类话语也常常出自父母们的嘴里，说得多了，孩子的内心就会受到伤害，使得他认识不到自己的优点和长处，树立不了自信心，而且对父母表扬过的同学非常的憎恨。无形中，孩子的心灵被扭曲了，这样的后果是惨重的。

❖❖ ❖❖ ❖❖ ❖❖ ❖❖

毋庸置疑，做父母的，没有谁不爱自己的孩子，经常拿别人家的孩子与自己的孩子相比，也是出于善心，希望孩子能以他人为榜样，学习别人的优点，超越别人，为父母争光争气。

但是，有时候父母的善心也会做坏事。爱孩子，就不要拿自己的孩子与他人作比较。拿自己的孩子和大人物的童年作比较，或者拿自己的孩子和别人的孩子去比，希望自己的孩子能像大人物童年时或别人家的孩子那样刻苦、那样聪明，父母用心虽好，但往往由于对孩子要求过高，而教育的效果并不理想，有时还会引起孩子的反感。

我国有句老话："人比人，得死；货比货，得扔。"这话虽然说得直白，却有深刻的道理，但可惜常常不被人们所重视。试想，人的个性差异如此之大，有些事不是谁都做得了的。所以，父母最好不要拿自己的孩子和那些出类拔萃的人物相比。就是别人家的孩子，他们的长处和优点也不是自己的孩子都能学得来的，所以最好别拿自己的孩子和他们去比。

父母该怎么办？

父母经常拿自己的孩子与别人作比较，对孩子造成的影响是特别严重的。被父母经常作比较的孩子，通常会有很多负面情绪，如不开心、无安全感、愤怒和嫉妒等，即情绪受困扰。在行为表现方面，被父母用作比较的孩子觉得得不到父母注意，因为父母似乎喜欢别的孩子比自己多，所以孩子会有很多吸引父母的行为，但这些行为通常都是父母不喜欢见到的。基于上述情况，于是父母出现认为孩子顽劣不值得疼爱的反应，从而更加会比较多一些，造成恶性循环。

其实，要想消除这种现象，父母最好的办法是不要把自己的孩子与别的孩子作比较，而是关注自己孩子每一个微小的进步。毕竟，每个孩子有每个孩子的特点。

人生在世，从来没有一样的两个人。各人有各人的天赋，各人有各人的性格，各人有各人的能力。如果父母只和高的攀比，看不到自己孩

子的长处，而只看到孩子的短处，便容易使自己的教育收不到应有的效果，甚至会失败。

正确的态度应该是，根据自己孩子的特点进行教育。例如，自己的孩子脑子迟钝一些，教育孩子笨鸟先飞，多卖些力。孩子有了进步就应该鼓励。只要孩子付出了努力，已经尽其所能，父母就不要提出过高的要求。

相关链接

美国学者戴维·刘易斯在他的《教育孩子的四十条》中，有这样一条："从来不对孩子说，他比别的孩子差。"当然在孩子成长过程中，父母出自于内心，让孩子以出类拔萃的人物为榜样，向他学习，这对孩子的发展自然是十分有益的。但用挖苦的口气，拿他人的长处来贬低自己孩子的做法却是完全不对的。孩子尽心了，切不可一味地苛求他们。因为，父母对孩子的任何比较都是有害的。每一个孩子都有他自己的个性，每一个孩子也都应该从他自己实际的基础上发展，而不是做别的孩子的复制品。

他们算什么，哪能和我比

——孩子自负不可取

刘晔是一个初露才华的中学生，由于他骄傲自大，不能正确估量自己，不能正确对待别人，从而不努力学习基础知识，差点落得一事无成。

刘晔在上高二时就立志要当作家，并发誓要当著名作家。若能为此努力学习，脚踏实地读书、认真地写作，有这样的雄心壮志本来没有什么不好。可是刘晔并没有这样做，而是成天想入非非，要当"在文学史上永远闪耀着光芒的大作家"，他认为自己天生具有大作家的气质，说："我最大的资本就是年轻，有成年人无法比拟的青春激情，有激情就足够了。"

刘晔还说："老师都是些庸人，在课堂上只会照本宣科，讲些重复的死理论。一万句里找不到一句精彩的格言和奇特的妙语。"刘晔讨厌一切该死的书本和"枯燥的知识"，讨厌读书。刘晔觉得现在的书都是别人、成年人、老年人写的，而他要创造、要突破！

对学习的不屑与对老师的不尊敬，使刘晔的成绩一路下滑，然而，他把爸爸、妈妈的劝告轻蔑地视为"絮絮叨叨老一套"。在一次摸底考试中，刘晔的数学考了17分，外语考了24分，连语文也只得了60.5分。到了如此地步，他不得不退学"专攻文学"了。

孩子为什么会这样？

孩子自以为了不起的自负心理，是自我认知缺陷的一种表现。处处

瞧不起别人、对大人也常常傲慢无礼，是一种缺乏自知之明的心理缺陷。

一般地说，自负多表现在独生子女身上，或是表现在家庭条件较优越、具有某种先天优势的孩子身上。自负产生的原因是多方面的，但是从家庭因素这方面来讲，多是由于家长对孩子过分宠爱、不能正确客观地评价他们所导致的。由于家长一些过分的夸奖，客观上助长了孩子自视过高，不能正确评价自己，因而得意忘形、目空一切。这说明，孩子还缺乏全面客观评价自己的能力。如果成年人再对孩子评价不适当，就会给孩子带来一种错觉，以为自己真的像人家评价的那样毫无瑕疵。

自负的表现也是多方面的。有的孩子因自负而不能和同伴友好地相处，常常有高高在上、盛气凌人之感；有的孩子对大人傲慢无礼，不尊敬长辈，瞧不起成年人在某些知识方面的缺陷；也有的孩子因自负而不爱与人说话，不爱回答别人的提问，甚至变得爱挖苦人、讽刺人。自负可以说是一种比较普遍存在的不健康心理，许多有专长或智力超群的孩子都易染上这种心理疾病。

⁂ ⁂ ⁂ ⁂ ⁂

自负的孩子虽能取得一定的成绩，但往往没有远大理想和志向，而只满足于眼前取得的成绩。而且，他们看不到别人的成绩，只会“坐井观天”。自负的孩子很难和同学们友好相处，因为他们不能做到平等相待，总是以高人一等的态度对待人或喜欢指挥别人。

自负的孩子情绪也不稳定，当人们不去理睬他时，他们就会感到沮丧；当他们遭到失败和挫折时，又会从骄傲走向悲观、自卑和自暴自弃，否定自己的一切，觉得自己什么都不如别人。

自负的孩子往往自视过高。他们很少关心别人，与他人关系疏远。自负者通常看不起别人，总认为自己比别人强很多。自负者往往好高骛远，不切实际。他们为自己制定过高的目标，承担无法完成的任务，容易遭受失败的体验。总之，自负就是骄傲自大、目中无人。

父母该怎么办？

耐心教导，让孩子正确评价自己。孩子出现自负情绪往往是过高地估计了自己，认为自己比谁都强，只看到自己的长处而看不到自己的短处，拿自己的长处比他人的短处。因此，他们往往狂妄自大，大都以"自我为中心"，想干什么就干什么，不会设身处地地替别人着想。作为家长，应耐心地教导孩子，让孩子学会正确地评价自己，既要认识到自己的优点，又要看到自己的不足。

感情流露要"浓淡"适度，对孩子的评价应客观实际。孩子总是有不足的地方，家长不要因为溺爱孩子就不切实际地吹捧孩子，尤其不要在客人面前没完没了地表扬孩子，这样易形成孩子的自负心理。

给孩子适当的批评。家长对孩子的表扬要适当，对孩子的批评也要恰如其分，既不能以偏概全，也不能掩耳盗铃、视而不见，而是要客观地指出孩子的不足。这样可以帮助孩子正确地认识自己。

让孩子养成独立生活的好习惯，给孩子创造一些遭遇挫折的机会。经历适当的挫折可使孩子心理机制健全，不至于过分自负，经受不住任何打击。

给孩子多一些接触社会的机会。当他们看到外面纷繁复杂的世界，

接触到比自己更优秀、更具专长的人，认识到"强中还有强中手"时，他们就不会为自己的一点点小成绩而自负了。因此，建议家长多带孩子出去走走，看看外面精彩的世界，而不要"坐井观天"、夜郎自大。

相关链接

真正有助于一个人的成长和成熟的是自信，而脱离实际的自负不但不能帮助人们成就事业，反而影响自己的学习、生活和人际交往，严重的还会损害人的身心健康。所以，高中生一定要及早抛弃自负心理，用一种客观、理智的态度面对学习和生活。

高中生可以通过以下四种办法来抛弃自负的错误思想，树立正确的心态：

❈能够正确地认识和接受别人的批评

要想克服自负心理，首先就应该抛弃固执己见、唯我独尊的错误态度。在面对别人的批评时，要理智冷静，不要把批评认为是对自己的人格亵渎和自尊的损害，而应该就事论事地分析和对待这些批评，对正确的批评要愉快地接受，这样就可改变自负的心理。

✽与别人平等相处

自负的人往往认为自己高人一等，在与人交往时，也会不自觉地俯视别人，这对于高中生拓展自己的人际交往范围十分不利。

要想改变自负心态，高中生就应该以平等的身份与周围的同学相处。在人际交往上，也应该多投入自己的热情和真诚，抛弃强硬和干涩，这样才有利于良好的人际关系的建立。

◈全面正确地认识自我和他人

高中生在认识和评价自我时要全面客观，不能只看优点而不看缺点，也不能夸大优点而缩小缺点。

认识自我不能孤立，而应该放到社会中，与其他同学做一下对比，

如此才能明确自己的能力究竟如何。需要注意的是，在与别人进行对比时，不能拿自己的优点与别人的缺点作对比，更不能为了突出自己而把别人看得一无是处，这样才能真实地评价自己。

❖ **不要因为过去的成绩而沾沾自喜**

有些高中生的自负心理源于自己过去所取得的成绩。辉煌的过去固然可能证明你具有很强的能力，但那并不能代表你现在仍然可以赢得胜利，更不预示着将来。高中生要学会用一种发展的观点看待自己，既要为过去的成功而赞美自己，又要正确地看待现在和将来，不骄不躁、踏踏实实地学习和生活，为赢得现在和将来而努力。

我失败了

——孩子无法面对挫折怎么办

刘冀是某中学的高二学生，平日内向，不爱交往。一日，他因在课堂上睡觉被老师罚课后打扫教室卫生，刘冀觉得很丢面子，但又不敢公然违抗老师。在他消极地完成了第五天的打扫任务后，在放扫把时不小心把教室里的多媒体设备弄坏了。老师知道后很生气，认为刘冀是在消极报复，于是便把此事告诉了学校领导以及刘冀的父母。弄坏了公物，刘冀本来已觉得很倒霉，看到老师如此"兴师动众"更受不了了。在极度的悲观情绪中，刘冀当晚没有回家，而是选择了从一座12层高的写字楼顶上跳下去……

孩子为什么会这样？

处于青春期的孩子会抱着许许多多的幻想、希望，为将其变成现实，他们会付出种种努力甚至去刻意地追求。当这种需求持续性地不能得到满足或只是部分满足，就产生了挫折。几乎每一个孩子在生活中都会产生挫折感，只是程度不同、结果不同罢了。其中，比较常见的挫折主要有：学业失败、师生关系紧张、同伴关系恶化、班级地位偏低、个人形象受损，等等。

❋ ❋ ❋ ❋ ❋

父母不要以为孩子在家里就一定平安顺利，实际上，家庭也常常成为伤害孩子心灵的地方。例如：过高的期望、专制的安排、无语家庭、

溺爱放纵、疏忽照料等方面，也让孩子备感挫折。

父母该怎么办？

家长对孩子的培养既不能溺爱，也不能轻视。 怕孩子遭受挫折的家长处处事事替孩子做事，剥夺了孩子体验挫折的机会，自然没有战胜挫折的经验。当他们一旦失去家长的保护，必须自己面对挫折时，比起早已经受过挫折考验的同龄人，他们对挫折的感受是更强烈的。而那些从来没得到过家长支持的孩子，在长期孤立无援中学会了冷漠，将挫折变为攻击他人或自残的动力。

家长要承担起对孩子进行挫折教育的重担。 学校应该帮助家长学习有关的家庭教育知识。家长和学校不应只成为摆设，应该按照计划进行教学活动，要把如何对学生进行挫折教育列入课程之中，让家长了解一些古今中外名人遭遇挫折而不屈不挠的故事，引导孩子们了解现实生活中许多人所遭遇到的不幸、痛苦，让他们感受到自己并不是最不幸的人，自己所遇到的难题，父辈们都曾经遇到过。遇到困难就放弃追求，甚至放弃生命，那是逃兵，那是逃避责任。

家长要用身边的人、身边的事、自己的切身感受和人生经历来教育孩子，让他们提高对挫折的认识，增强抗挫折的能力。家长需要帮助孩子认识到，挫折是每个人生活中的组成部分，经受挫折考验是健康成长的基石，是必经之路，让孩子面对挫折有较充分的心理准备，帮助他们把挫折看做迈向成功的起点。在遇到挫折时，帮助他们分析总结经验教训，鼓励他们学会采取积极行动弥补挫折带来的结果，从而修补心理创伤。帮助孩子对即将发生的事件做出成功或失败的正确评价，让孩子能够面对即将发生的结果，并不至于感受到太大的心理落差。

当孩子遇到挫折的时候，家长要做出恰当的反应。 家长要保持和孩子的良好沟通，因为只有在良好的沟通基础上，孩子才可能主动把他们遇到的问题讲给家长。如果家长只喜欢接受孩子好的方面，而难以接受孩子的不良行为，那么有可能遭到家长批评、反对的事，孩子就可能不

说了。当家长获知了关于孩子的令人瞠目的事情发生时，家长一定要冷静，控制住自己的情绪，不要图自己的一时之快，把火气发在孩子身上。要克制住自己，要坚决地和孩子站在一起，帮助他走出阴影，走向光明，而不要像孩子们说的一样"添油加醋、落井下石"。

家长也要调节孩子的希望值，不过高地估计自己的成就能力，以避免产生过大的失落感；也不过低地估计自己的能力，错失了成功的机会，体验不到成就感。同时，父母也要帮助孩子建立和谐的人际关系，在同伴中取得更多的支持和帮助，与同伴的相互倾诉可以减轻内心的压力，同伴间的相互接纳满足孩子被他人尊重的需要，体现自我价值，减少挫折源，建立一个良好的社会支持体系。

相关链接

既然生活中的挫折无处不在、逆境无时不有，那么对挫折心理进行调适就极为必要了。在挫折面前，需要的是进取的精神和百折不挠的毅力，同时也更需要理智。具体来说，青少年在面对挫折时，可以从以下方面着手进行自我调节：

遇到挫折时，应进行冷静分析，从客观、主观、目标、环境、条件等方面找出受挫的原因，采取有效的补救措施。

　　要善于正确认识前进的目标，并在前进中及时调整自己的目标。要注意发挥自己的优势，并确立适合于自己的奋斗目标，全身心投入工作之中。如果在实施过程中，发现目标不切实际、前进受阻，则须及时调整目标，以便继续前进。

　　应善于化压力为动力。其实，适当的刺激和压力能够有效地调动机体的积极因素。"自古雄才多磨难，从来纨绔少伟男"，人们最出色的工作往往是在挫折逆境中做出的。

　　要有一个辩证的挫折观，经常保持自信和乐观的态度。挫折和教训使我们变得聪明和成熟，正是失败本身才最终造就了成功。我们要悦纳自己和他人他事，要能容忍挫折，学会自我宽慰，心怀坦荡、情绪乐观、发奋图强，满怀信心去争取成功。

进了考场我就害怕

——考试怯场怎么办

　　萧萧是一名高三的复习生。去年高考数学的时候，他按习惯先做容易的题，可是做第四道选择题的时候，发现这道题突然做不出来了。这时他心里一着急，不知怎么的，思路好像突然中断了，什么也想不起来了，只是对着考卷干瞪眼，急得像热锅上的蚂蚁，而且越是着急，就越是什么也想不起来。后来，他只觉得头部像炸裂了一样，心跳呼吸加快，有一种窒息的感觉。最后他考砸了，没有考上理想的大学。

　　为了能够考上自己喜欢的大学，萧萧决定复读一年。到了今年高考的时候，已经经历过一次高考的萧萧本应该轻车熟路才对，但是没想到刚刚进入考场的时候，萧萧的手心就不停地出汗，而且还总想往厕所跑。

孩子为什么会这样？

　　孩子产生怯场的生理原因，是大脑的皮层中由于情绪高度紧张而出现了优势兴奋中心，这个优势兴奋中心又因为免诱导规律而使大脑皮层的其他部位产生抑制，简单地说，就是大脑中紧张的兴奋中心把其他该兴奋的地方给压抑住了。因此，解决怯场问题，关键在于消除干扰性的优势兴奋中心。

❈　❈　❈　❈　❈

　　孩子的过度紧张是由于过度的压力造成的，这压力既有外部的，也

有自身的。

压力来自家长。家长望子成龙、望女成凤，期望值非常高，而且把期望变成了言语、行动，不断给孩子施加压力："你一定要考好，考好了有奖励。""考不好就是没出息。""父母的希望全在你身上，考不好就全完了。""考不好，回来跟你算帐"……而且在行动上重点保护，准备营养品、补脑液、高级饮料……这些言行成为有形或无形的压力，集中到孩子脑子里去。

压力来自学校。有些学校以及老师运用动员、成绩排名甚至倒计时方式促使学生好好念书，提高成绩。对于面临升学考试的学生，更是双管齐下，造成紧张气氛。这对学生的压力是很大的。

压力来自社会。由于社会上竞争日趋激烈，各种考试成为人们的一个热门话题。亲友们见到孩子，经常会问："书念得怎样，考试得多少分？"而且往往鼓励几句："好好念，将来考大学，当专家。"殊不知，这些关切的话语，都会成为孩子的心理压力。

如果一个孩子对这些压力能够正确认识、自我调控，变压力为动力，考场上不乱方寸，那么，不但不会影响成绩，还有可能考得比较好。

如果一个孩子，本来成绩就不好，而且没有信心，对这些压力抱无所谓态度。任谁怎么说，我行我素，考试也不会见起色。

问题在于，有的孩子心很重，把这些"石头"一块一块摞在脑子里，而且自己给自己加压，自我期望值也很高，但是又缺乏坚强的意志来调控高度紧张的情绪。一到考试时候，优势兴奋中心成为严重的干扰源，当然考不好了。

父母该怎么办？

为了克服孩子的怯场心理，家长应做到以下几点：

对孩子的期望值不要过高。家长应根据孩子的实际情况"量体裁衣"，要求孩子争取考出好成绩，同时鼓励他"如果这次没考好，下次再努力"。如果父母的要求过高，超出了孩子的心理承受力，孩子思想

压力大，越怕考不好就越是考不好。

此外，家长不要在平时给孩子太多的精神压力，不要盲目地给孩子定过高的指标，达不到就如何如何。在临近考试时，尤其不要天天嘴不离口地谈考试的事，因为你说得越多，考试时刺激孩子产生紧张情绪的信号就会越多。另一方面，不宜在孩子考试前和考试期间，为孩子做过多的物质准备和具体服务，如买很多的营养品，像保护大熊猫似的处处服务周到，这些做法会给孩子增压，可以适当改善一下饮食，但不能过分。

指导孩子正确对待考试，帮助孩子减轻自我压力。 孩子的水平是客观的，只要认真复习，认真做好考试准备，能考出自己的实际水平就行了。孩子有时对自己的水平认识不够，自我期望过高，甚至有侥幸心理。有的孩子总担心出错，这样，进考场就紧张。一旦看见了不熟悉的题目，紧张情绪加剧，导致一连串的失误。家长应在自己少给孩子压力的同时，让孩子正确对待考试。考试，就是考查学习水平，告诉孩子不要给自己定太高的指标，考试时遇见不熟悉的题目是正常现象，每个人都会遇到这种情况，胜败乃兵家常事。

加强平日功课的复习。 "冰冻三尺非一日之寒"，在日常学习中，家长要经常对孩子进行辅导，了解孩子学业中的薄弱环节，有针对性地加强复习，这样日积月累，帮助孩子练好"基本功"，考试时才会胸有成竹，应答自如，不会怯场。

为孩子提供一些参加竞赛活动的机会。 让孩子在竞赛活动中进行"演

习"，积累临场经验，这样，考试时就比较沉着，不至于因心理紧张而怯场。

相关链接

怯场的预防主要在于：考前要调整认知，端正应试动机，树立自信，认真准备，消除焦虑情绪等。一个认知正确、准备充分、充满信心的学生一般是不会怯场的。另外，充足的睡眠和营养，避免过度疲劳，做好考前的物质准备等，也是预防怯场的重要措施。那么，如果在考试中有了怯场感，该怎么办呢？此时家长要做好孩子的第二老师，教给孩子一些小窍门。

❊ 自我放松

一旦出现怯场的最初症状，最好暂停作答，闭上眼睛，做几分钟深呼吸，直到情绪平静为止，也可以通过做眼保健操稳定情绪。如果感到头昏脑胀，也可以干脆伏案休息一会儿。

❊ 自我暗示

进入考场时要做到面带微笑、步态从容，同时在心里给自己积极的暗示，如："我复习得不错，不会有问题的。""只要沉着冷静，我肯定能成功。""我感到现在很平静。"如果碰到不会做的题目感到慌乱时，要马上通过自我暗示调整自己的情绪，如："我做不出，别人也不一定做得出。""这道题不会做，努力把别的题做出来。""万一考砸，天又也不会塌下来。"这样一想，就不至于怯场了。

❊ 转移注意

把注意力暂时从题目中转移出来，如看看窗外的风景等，就能有效地缓解怯场感。

❊ 回忆成功经验

先通过深呼吸放松，然后在头脑中回忆自己最成功的一次考试过程，回忆越逼真越好，如考试中的沉着、考完后的喜悦等，让自己进入一种轻松愉快的心理氛围。

我一点也不快乐

——当孩子得了抑郁症

菲菲今年16岁,在学校是一名优秀的学生,父母对她的期望很高,为她的日后做了各种高期望的设想,比如希望她能考入清华大学,最好是由学校保送。可菲菲心里明白,这样的期望非常渺茫。可是她看了父母充满期待的眼神,她又不忍心让他们的期望破灭,渐渐地她对学习产生了恐惧,学习成绩也降下来了。在高二的一次考试中,她的数学成绩竟考了60分,于是老师和父母轮番找她谈话,他们越说她的心里觉得越烦躁。后来,她开始逃学,去网吧,录像厅和电影院。父母知道后就在暗中盯着她,晚上把她关在房间里学习,不许她看电视和接听电话。她对一切感到心灰意冷。她每天都给自己计划一种死亡方式,因为怕疼、怕死得难看,才让计划一次次落空。她想,如果老师和父母再逼她,她一定会死的。因为她觉得学校像座坟墓,埋葬了她所有的快乐。

孩子为什么会这样?

青少年抑郁的主要表现是:情绪低落、思维迟缓、闷闷不乐、无精打采,对一些原来喜爱的事情也没了兴趣;不愿社交,故意回避熟人;干什么都高兴不起来,总觉得自己什么都不好;对未来缺乏信心,一点细小的过失或缺点也会带来无尽的后悔,体验不到生活的快乐。同时,还会伴有失眠、食欲不振、疲劳、头痛等。他们看上去疲乏倦怠、表情冷漠,整个生活弥漫着灰暗的气氛。有的人还自暴自弃,愤愤不平,认

为自己受到别人的迫害，想独自离家，甚至出现自残、自杀行为。

✢ ✢ ✢ ✢ ✢

抑郁是一种不愉快、以心情低落为主的不良情绪。研究表明，大约四分之一的人一生中曾有过抑郁。孩子抑郁症的高发期主要是进入高中之后，因为此时大多数孩子开始步入青春期，而青春期又是心理学家公认的危险期或动荡期。

由于孩子青春期的心理不成熟和不稳定，这个时期的孩子还没有具备适当的能力和技巧去面对挫折，因此，抑郁情绪成了这个时期孩子生长和发育的不良情绪，有的表现为心境多变、偏激或突然的情绪摇摆；有的表现为反抗行为，常招致父母和老师的反感；也有的表现为易生气、烦躁和不安、逃学、冒险、吸毒甚至有自杀的念头……总之，孩子的抑郁表现千姿百态，有的是成人常见的抑郁反应，也有的是情绪异常。

孩子的抑郁情绪主要是由两个方面的原因造成的：个体内部的性格特点和心理过程。具体来讲，主要有以下几个因素：第一，认知和评价因素。青少年时期，由于个体的心理发展还不够成熟，看问题容易片面和极端，常常不能系统、全面、客观地看待现实。有抑郁情绪的人对现实世界的认识和评价往往是偏离或歪曲的。第二，归因因素。有抑郁情绪倾向的人对失败或不利的情况作归因时，往往认为失败是自己造成的，原因是比较稳定的。第三，自主性因素。有抑郁倾向的人对自己的行为结果控制感低，因而自我评价低，这样就导致个人不敢开拓自己的行动范围，行为模式僵化，思维不开阔，其结果是无法得到自己预期的结果，于是进一步强化了消极的自我评价，时间一长，很容易导致恶性循环。

父母该怎么办？

对于已经有了抑郁表现的孩子，下列方法有助于父母对孩子抑郁心

理的矫治。

教导孩子要理智调节自己的情绪。"人受困扰，不是由于发生的事实，而是由于对事实的观念。"这句至理名言说明了一个道理：让孩子感到抑郁的，并不总是糟糕的事情，而常常是孩子对事物的消极的认识。因此，当孩子情绪低落、抑郁的时候，父母需要冷静、理智地帮助孩子分析他们对事物的认识是否正确，考虑是否周到。如果能帮助孩子主动地调整自己的看法和态度，纠正认识上的偏差，用理智控制消极情绪，就可以使消极情绪减弱，并最终消除。

引导孩子转移调节。转移调节就是根据自己的要求，有意识地把自己已有的情绪转移到另一方面上，使消极情绪得以缓解。在孩子心情低落的时候，父母可以寻找一些令孩子开心或是振奋的事情，比如和同学讲讲笑话、打打球或是出去踏青等，让愉快的活动占据孩子的时间，让时间的推移来逐步消化他们心里的积郁，用积极的情绪来抵消消极的情绪。父母千万不要让孩子一个人闷在自己的世界中，陷入死胡同。

教导孩子学会适当地宣泄。台湾作家罗兰在《罗兰小语》中写道："情绪的波动对有些人可以发挥积极的作用。那是由于他们会在适当的时候发泄，也会在适当的时候控制，不使它们泛滥而淹没了别人，也不任它们淤塞而使自己崩溃。"

由此可以看出，适当宣泄情绪具有积极作用。情绪的宣泄有很多种方法，比如：倾诉、哭泣、高喊、运动等。适度的宣泄可以把不愉快的情绪释放出来，使心情平静。当孩子心中有烦恼和忧愁时，父母要教导孩子可以向老师、同学、父母以及兄弟姐妹诉说，也可以用写日记的方式进行倾诉；情绪低落时，也可以大哭一场；在自己什么事情也不想做的时候，也可以适当地运动，使自己精神振奋。但是，在宣泄自己情绪的同时，要注意时间和场合，不要伤害到别人和自己。

对孩子适时暗示。暗示是通过语言的刺激来纠正或改变人们的某种行为状态或情绪状态。父母可以通过自己的积极暗示来减少或是消除孩子的低落情绪。比如说，当他们情绪低落、抑郁的时候，父母告诉孩

子："忧愁于事无补，还是面对现实吧。"在早上起床的时候告诉他们："新的一天开始了，昨天的忧伤已经过去，你要开开心心地度过今天。"这些都是很好的积极暗示，它们会悄然地改变孩子的心境。

对孩子进行目标激励。当抑郁情绪缠绕着孩子时，孩子什么事情也不想做，什么事情也不愿想，没有目标、没有方向，完全处于一种迷茫状态。这时应该引导孩子为自己树立一个目标，最好是一个近期目标，使孩子有方向感，不会感到无事可做。父母应教导孩子在给自己树立目标的时候，一定要实事求是，一定要树立自己在近期内能够完成的目标。

如果用上面介绍的五种方法还不能解决问题的话，父母可以向孩子的老师、朋友或是向心理辅导老师求助，让孩子把烦恼和想法说出来，这样会帮助孩子更清楚地认识自己，能帮助孩子成长。同时，家长还可听听别人的看法和建议，综合平衡一下，就不难找到方法，然后适时对症下药，从而帮助孩子从死胡同里走出来。

相关链接

每当你焦虑、抑郁时，切记以下5个关键步骤，尝试努力一下：

第一步，瞄准那些自然消极的想法，并把它们记下来，别让它们占

据你的大脑。

第二步，用更为客观的想法取代扭曲的认知，彻底驳斥那些让你自己瞧不起自己、自寻烦恼的谬论。一旦开始这些步骤，你就会感到精神振奋、自尊心增强，无价值感就会烟消云散。

第三步，制定切实可行的日常活动表，每天结束后填写回顾、分析日记，既能使你摆脱不愿活动和不想做事的处境，又能给你带来活动后的满足，逐步消除懒怠与内疚。

第四步，学会自我称赞、自我欣赏，坦然对待不良刺激，以保持情绪稳定、心境良好。

矫正不合逻辑的思维方式，改变认知错误现象，这不是轻而易举的事，而一旦你对周围事物能作客观的分析后，对现实生活就有了正确的领悟。那么，你将置身于一个充满积极向上的情感世界中，心情会豁然开朗。尽管生活中还存在着这样和那样不尽如人意之事，但不会由于一时的认知偏差，造成感情挫伤，失去对生活中美好意境的追求。